高职公共基础课

「十三五」创新教材

现代礼仪

（第二版）

xiandai liyi

主编 /// 梅迎春 昃丽娜 缪克银

副主编 /// 姜云峰 樊凡 谢保峰

主审 /// 李清湘

大连海事大学出版社

ⓒ 梅迎春　昃丽娜　缪克银　　2023

图书在版编目（CIP）数据

现代礼仪／梅迎春,昃丽娜,缪克银主编. — 2 版
. — 大连：大连海事大学出版社，2023.8
ISBN 978-7-5632-4447-8

Ⅰ. ①现… Ⅱ. ①梅… ②昃… ③缪… Ⅲ. ①礼仪—
高等职业教育—教材　Ⅳ. ①K891.26

中国国家版本馆 CIP 数据核字（2023）第 148720 号

大连海事大学出版社出版

地址：大连市黄浦路523号　邮编：116026　电话：0411-84729665（营销部）　84729480（总编室）
http://press.dlmu.edu.cn　E-mail：dmupress@dlmu.edu.cn

大连日升彩色印刷有限公司印装　　　　　　　大连海事大学出版社发行

2020 年 8 月第 1 版　　　2023 年 8 月第 2 版　　　2023 年 8 月第 1 次印刷
幅面尺寸：184 mm×260 mm　　　　　　　　　　　　　　印张：11
字数：273 千　　　　　　　　　　　　　　　　　印数：1～3000 册

出版人：刘明凯

责任编辑：宋彩霞　　　　　　　　　　　　　　责任校对：阮琳涵
封面设计：解瑶瑶　　　　　　　　　　　　　　版式设计：解瑶瑶

ISBN 978-7-5632-4447-8　　　定价：32.00 元

出版说明

新科技革命的蓬勃发展正加速带动产业转型升级,催生新的经济发展方式。这使得经济社会发展对劳动力市场中的人的知识和技能提出了更高要求,未来工作和生活所需要的人才不仅应具有高技能,还应该具有良好的职业素质和职业精神。

公共基础课是高职教育课程体系的重要组成部分,既承担着对学生基础能力和综合素质的培养任务,又为学生的专业学习奠定基础,在促进人的全面发展、培养职业道德、提升综合素质和可持续发展能力等方面,均具有不可替代的地位和作用。切实发挥好公共基础课在人才培养过程中的基础性作用,是当前高职院校落实立德树人根本任务、创新教育教学育人模式和深化产教融合、提高人才培养质量的前提和基础。

教材建设对教育事业的改革发展和人才培养至关重要,为使高职公共基础课教材适应新技术、新形势的发展,与现行教学相匹配,中国交通教育研究会职业教育分会学术委员会主办,大连海事大学出版社承办,召开了高职院校公共基础课教材编写研讨会。此次编写研讨会得到了江苏航运职业技术学院、江苏海事职业技术学院、天津海运职业学院、浙江国际海运职业技术学院、浙江交通职业技术学院、上海交通职业技术学院、云南交通运输职业学院、大连航运职业技术学院等众多职业院校的积极响应和大力支持,在此对这些院校的领导及老师表示衷心的感谢。

在大连海事大学出版社前期对公共课教学、教材现状的充分调研和深入调查的基础上,在各职业院校近百位一线教学专家的精心打磨下,高职公共基础课“十三五”创新教材顺利出版。本系列教材具有如下特色:

(1)目标明确、针对性强。本系列教材围绕高职院校教学要求和课程标准进行编写,结合学科特点进行设计,既注重了公共基础课的基础性,又体现了职业教育公共基础课程的职业性。

(2)内容创新、与时俱进。从新时期高职公共基础课面临的新要求出发,在内容选择上注重素质、知识、能力、技能的创新结合,在掌握知识的基础上,又突出技能的培养。

(3)框架合理、适应性强。部分教材采用模块式编写体例,融入现代教育新理念,各模块间既各自独立又相互联系,主次分明又有机结合,具有较强的适应性。

(4)图文并茂、难度适中。语言文字通俗易懂,部分教材配有图片,知识性与趣味性并存,符合高职院校学生的心理特点。

(5)资源丰富、立体教学。部分教材有配套电子资源,扫描二维码即可下载资源,方便教师教学。

作为出版高校教材的大学出版社,我们将继续精益求精、殚精竭虑,充分发挥出版人在知识传播中的桥梁和纽带作用,也欢迎广大师生能与出版社密切互动,有任何问题与建议及时反馈给我们,以使教材日后的修订臻于至善、创新不止,确保本系列教材的高水平使用。

第二版前言

《现代礼仪》于2020年8月由大连海事大学出版社出版,一晃已是近三载。为适应高等职业教育的发展新形势,全面贯彻党的二十大精神和《高等学校课程思政建设指导纲要》的总体要求,切实提升高职院校学生的礼仪综合素养,培养综合型高素质技术技能人才,我们在原版本的基础上进行了新的修订,主要表现在以下方面:

第一,思政要素结合更加紧密。在每个章节的学习目标之中,我们在原版知识目标、能力目标的基础之上,增加了思政目标模块。与之相对应,教材各章节内容中也插入了部分对"二十大"报告的引用,以更好地指导课程思政教学。

第二,礼仪规范表述与时俱进。针对本教材的实际使用需求,对于传统礼仪的介绍略有删减,补充更新了部分日常见面礼仪章节的内容。

第三,图标示意指示更加明确。我们收到读者反馈,教材内容中涉及座位排序及物品放置的图片指示缺乏参照物定位,在实际使用过程中具体理解时有一定的困难。为此,我们在用图片说明位序及位置的时候,增加了参照物的标注,讲解得更加清晰、明确。

本次教材修订团队由江苏航运职业技术学院的梅迎春副教授,天津海运职业学院基础教学部昃丽娜高级政工师,江苏海事职业技术学院副校长缪克银教授,江苏航运职业技术学院人文艺术学院现代乘务管理教研室主任姜云峰讲师、樊凡助教,以及江苏海事职业技术学院航海技术学院谢保峰副教授组成。具体任务分配情况如下:樊凡负责第一章第一节,谢保峰负责第一章第二节、第三节,梅迎春负责第二章、第三章、第四章,昃丽娜负责第五章、第七章,姜云峰负责第六章,缪克银负责第八章。

由于时间仓促和水平所限,书中不足之处在所难免,殷切希望广大读者在使用过程中提出宝贵意见和建议。

编　者

2023 年 6 月

第一版前言

"和谐社会,礼仪为先。"我国素有"礼仪之邦"的美誉,懂礼仪、讲文明、共建和谐文明社会、展示礼仪之邦风采,是每位国民应尽的义务和责任,身为未来国之栋梁的大学生更应知礼、明礼、习礼、用礼。为适应高等职业教育的发展新形势,切实提高高职院校学生的礼仪素养,培养综合型高素质技术技能人才,我们组织编写了这本《现代礼仪》。

本书共分为八章,分别从现代礼仪基本概念、个人形象塑造之仪容礼仪、个人形象塑造之仪表礼仪、个人形象塑造之仪态礼仪、日常见面礼仪、言语沟通礼仪、宴请接待礼仪和求职面试礼仪八个方面系统论述了现代礼仪的内涵及构成,阐明了学员在现代礼仪学习过程中的注意事项,并结合示范插图与实际案例分析说明。在编写过程中,力求做到脉络清晰,知识新颖实用,体现出以下几个方面的特点:

(1)目标导向性。书中每个模块设都设有知识目标和能力目标,层次分明,为学习者使用本书提供了指导方向。

(2)内容创新性。本书在编写过程中,注重与时俱进,更新了一些与现代礼仪相关的最新表述与行为准则,增强了时代气息。

(3)案例亲和性。本书引入与学生的学习、生活息息相关的实际案例,从年轻人自身的实用角度出发,讨论了年轻群体在学礼、用礼方面的注意事项。

(4)学生主体性。本书结合礼仪基础概念与知识要点,在综合案例及复习思考环节实施教师引导、学生为主体的教学方式,鼓励学生自主学习,开发学生的创新思维。

本书由江苏航运职业技术学院的梅迎春副教授、天津海运职业学院社科部礼仪教研室主任昃丽娜高级政工师、江苏海事职业技术学院副校长缪克银教授、现代乘务管理教研室主任姜云峰讲师、南通科技学院空乘专业负责人陈云讲师以及江苏海事职业技术学院科技处谢保峰副教授组成编写团队,由梅迎春、昃丽娜、缪克银担任主编,由南通大学教师工作部部长、高层次人才工作办公室主任、高级礼仪培训师、高级礼宾师李清湘副研究员担任主审。具体编写情况如下(以撰写章节先后为序):陈云负责编写第一章第一节,谢保峰负责编写第一章第二节、第三节,梅迎春负责编写第二章、第三章、第四章,昃丽娜负责编写第五章、第七章,姜云峰负责编写第六章,缪克银负责编写第八章。

在编写过程中,我们参考了国内外许多专家、学者的有关著述,在此深表谢意。感谢江苏航运职业技术学院以及天津海运职业学院的缪靖轩、张杨、王旭和彭岩同学为本书中礼仪演示进行的精彩示范。同时,也要感谢大连海事大学出版社在筹备和出版工作方面的鼎力支持。

由于时间仓促和水平所限,书中难免存在疏漏与不足,敬请广大师生和读者批评指正。

编　者

2020 年 5 月

目　录

第一章
现代礼仪的基本概念

通过本章的学习,应达到以下目标:

◆ **知识目标**

1. 了解礼仪的起源与发展,充分认识礼仪的重要性;
2. 认识现代礼仪的作用。

◆ **能力目标**

1. 培养现代青年应具备的礼仪修养;
2. 在人际交往中,展现并运用一定的现代礼仪技能。

◆ **思政目标**

1. 通过对礼仪起源与发展相关知识的掌握,使学生充满文化自信,能做到自觉弘扬中华优秀传统文化;
2. 通过对现代礼仪作用及原则的学习,培养青年学生不卑不亢的人际交往能力,从而建立良好的人际关系;
3. 通过对礼仪修养的学习,促使学生拥有健康的人格,更好地培养学生的社会性。

习近平总书记在党的二十大报告中指出:"办好人民满意的教育。……全面贯彻党的教育方针,落实立德树人根本任务,培养德智体美劳全面发展的社会主义建设者和接班人,坚持以人民为中心发展教育,加快建设高质量教育体系,发展素质教育,促进教育公平。"这是新时代实施科教兴国战略、强化现代化建设人才支撑的重要举措,是加快建设人才强国的战略部署。青年时期是价值观形成和塑造的关键时期,党的教育方针始终强调德育为先。人才培养是育人和育才相统一的过程,教育传授学生的不仅是知识,更重要的是价值观塑造、能力锻造、人格养成。教育无论发展到什么程度,立德树人始终放在第一位,引导学生树立正确的世界观、人生观、价值观,教育学生有能力、有责任、有爱心,全面发展、学有所长,培养出党和国家需要、对社会有用的人。

在现今社会生活中无不体现礼仪的重要作用,现代礼仪尤为重要。身为国家的主人、

21世纪的当代大学生,学习礼仪知识、运用礼仪规范、弘扬礼仪文化,对提高我们自身综合素质具有重要的现实意义,也是社会主义精神文明的主要内容。荀子曾说:"人无礼则不生,事无礼则不成,国家无礼则不宁。"可见礼仪的重要性。

第一节 礼仪概述

习近平总书记在党的二十大报告中指出:"全面建设社会主义现代化国家,必须坚持中国特色社会主义文化发展道路,增强文化自信,围绕举旗帜、聚民心、育新人、兴文化、展形象建设社会主义文化强国,发展面向现代化、面向世界、面向未来的,民族的科学的大众的社会主义文化,激发全民族文化创新创造活力,增强实现中华民族伟大复兴的精神力量。我们要坚持马克思主义在意识形态领域指导地位的根本制度,坚持为人民服务、为社会主义服务,坚持百花齐放、百家争鸣,坚持创造性转化、创新性发展,以社会主义核心价值观为引领,发展社会主义先进文化,弘扬革命文化,传承中华优秀传统文化,满足人民日益增长的精神文化需求,巩固全党全国各族人民团结奋斗的共同思想基础,不断提升国家文化软实力和中华文化影响力。"礼仪文化是中国传统文化的核心内容之一,其中蕴含着中国传统文化价值观念的思想精华和道德精华。

现代礼仪是在传统礼仪基础上与时俱进演变而成的。现代礼仪是建立在传统礼仪基础上,又融合了现代社会因素的社交礼仪。现代礼仪是指从尊重对方出发,调整并处理种种不同关系的一种约定俗成的形式。因此,深入了解礼仪的内涵是认识现代礼仪的前提。

一、礼仪的基本概念

(一)礼仪的含义

1. 追本溯源——礼

"礼"的内容比较丰富,其含义的跨度和差异也很大。"礼"的起始意义产生于对神灵的尊敬,后来发展成为奴隶社会和封建社会等级森严的社会规范和道德规范,逐步引申为表示致意的通称。它既可以指表示隆重和敬意而举行的仪式,也可以泛指社会交往中的礼貌和礼节,是人们在长期的生活实践中约定俗成的行为规范。"礼"成了一个内容非常宽泛的概念,它包含了谦虚、友善、尊敬、关心、真诚等所有能体现其本质"敬"的表现形式。

2. 生活常礼——礼貌

礼貌是文明行为的基本要求,是人与人之间在交往接触过程中相互表示敬重和友好的行为准则。它既体现了时代的风尚和道德水准,同时又体现了人们的文化层次和文明程度。在不同的国家和地区,处于不同的时代及不同的行为环境中,礼貌表达的形式和要求虽不尽相同,但其本质要求是一致的,即相互尊重、友好相处,待人接物时应做到谦虚、恭敬、诚恳和友善。

讲究礼貌是人类社会发展的客观要求,是维持社会正常生活秩序的起码条件。人们在日常工作、学习和生活中,不可避免会出现各种各样的矛盾,若能讲究礼貌、相互体谅、相互尊重,矛盾会更容易得到解决而不是升级激化。礼貌乃一个人待人接物时的外在表现,人们相互之间通过言语或者行动这两种媒介表现出对交往对象的尊重和敬意。礼貌的行动是一种无声的语言,例如微笑、点头、鞠躬、握手、拥抱、亲吻等;礼貌的言语是一种有声的行动,例如使用"小姐""先生""女士"等敬称,"欢迎光临""给您添麻烦了"等谦语。讲究礼貌是一个人道德品质的体现,对人的尊重友好必须是发自内心、以诚相待的。此外,讲究礼貌应把握分寸、热情有度、不卑不亢,既不失礼,又讲原则。讲究礼貌并非指放弃原则、低声下气,甚至卑躬屈膝。

3.民族风俗——礼节

有无礼节是人与动物重要的区别之一。礼节是人们在日常生活中表现出来的对个人以及神灵尊敬的各种形式,通常是指在日常生活交际中,相互表示尊重、友好、祝愿、慰问、哀悼以及给予必要的协助和照顾时所采用的一种约定俗成的形式,是社会文明的组成部分。

礼节是礼貌的具体表现形式。如我国古代的作揖、跪拜,现今世界各国通用的点头、握手,东南亚地区的双手合十,欧美国家的拥抱、亲吻等,都是不同国家和地区礼节的表现形式。当代国际社会交往频繁,各国之间的礼节有着互相融合的趋势。但各国各民族的特点是客观存在的,传统的礼节多有不同。因而,在相互交往中,熟知且尊重各国、各民族的礼节和风俗习惯是十分必要的。

礼貌和礼节是相辅相成的。有礼貌而不懂礼节,往往容易失礼;而熟知礼节却浮于表面,其实质也只能算是客套。

4.行为规范——礼仪

在礼学体系中,礼仪是有形的,它存在于社会的一切交往活动中,其基本形式受历史传统、民族习俗、物质水平、文化形态等约束,并且礼仪的存在也受人们交往时地域环境的影响。因此,语言(含书面的和口头的)、行为表情、服饰器物是构成礼仪最基本的三大要素。

礼仪通常是指在较大或较隆重的场合,为表示尊重、敬意、友好而约定俗成的、共同遵循的社交规范和道德规范的仪式。从广义角度讲,礼仪是一系列特定礼节的集合。它既可以指在较大、较正规的场合隆重举行的各种仪式,也可以泛指人们在社交活动中的礼貌礼节。例如正式场合对服饰、仪容仪表、举止等方面的规范与要求,或者大型庆典活动、展览会的开幕式、社交宴请以及迎接外国元首的鸣放礼炮等皆为礼仪的范畴。

简而言之,礼包括礼貌、礼节、礼仪,其本质都是表示对人的尊重、敬意、友好及和善;礼貌、礼节、礼仪都是礼的具体表现形式:礼节是礼的惯用形式,礼貌是礼的行为规范,礼仪是礼的较隆重的仪式。

(二)礼仪的特征

1.传统性

礼仪是一个国家、民族传统文化的重要组成部分。在我国,现代礼仪是以传统文化为核心,且不断接纳其他民族的优秀文化,在长期的社会生活实践中逐渐发展和完善起来的。它根植于传统文化这块沃土上,因此有着深厚的传统性。中国作为"礼仪之邦",有着五千年的悠久文明史,中华民族修礼、崇礼、习礼的传统美德,深深地融入现代礼仪中,规范和约束着现代人的言语及行动。礼仪是将人们在长期生活和交往中的习惯、准则固定并沿袭下来,有着广泛的社会文化基础,礼仪的这种传统性是根深蒂固的。在社会生活中,礼仪是人们约定俗成的行为规范,在人们相互交往过程中传播、继承,日积月累、相沿成习。在此过程中,传统礼仪那些烦琐的、保守的内容不断被摒弃,而那些体现了人类文明及社会进步,代表着中华民族传统文化和优良美德的礼仪,得以世代相传、发扬光大且日趋完善。

2. 共同性

礼仪是在人类共同生活的基础上不断累积形成的,在同一社会中,全体成员调节相互关系的行为规范。礼仪随着社会生产、生存环境和生活形态的变化而不断充实完善,逐渐成为社会各阶层共同遵守的行为准则。礼仪的内容大都以约定俗成的民俗习惯、特定文化为依据,集中地反映了一定范围内人们共同的文化心理和生活习惯,从而带有明显的共同性特征。礼仪又被应用于人们的社会交往中,其范围和准则必须得到广泛的认可,才能在一定的范围内得到共同遵守,这也决定了礼仪的共同性特点。由于交往范围不断扩大,原先由于地域和文化交流局限而导致的礼仪规范的差异逐渐被打破,许多礼仪形态越来越多地被人们所接受和认可,礼仪的共同性特征也日趋显著。

3. 差异性

礼仪作为一种约定俗成的行为规范,其运用要受到时间、空间和环境的制约,同一礼仪会因时间、空间和人物的变化而有所不同,这就是礼仪差异性的特征。礼仪的差异性首先表现为民族差异性,不同民族的礼仪各具特色、精彩纷呈。各民族的习俗礼仪都凝结着本民族、本地区人们的情结,人们砥砺德行、潜心研思,难以改变。例如同为茶饮礼仪,不同的民族有着不同的表现形式。礼仪的差异性还表现为个体差异,每个人因其社会地位、个体性格、教育经历和生活背景等因素的不同,在运用同样的礼仪时会表现出不同的形式和特点。例如同时出席晚宴,男士和女士则会有不同的表现风格。礼仪的差异性还要表现在其时代变动性,它会随着社会的进步而不断丰富、发展和完善。礼仪总是体现着时代要求和时代精神,因此它会随着时代的发展而产生差异。世界各国都很重视礼仪改革,现代礼仪发展变化的趋势使礼仪变得更加文明、简洁和实用。

4. 自律性

礼仪是人类社会生活中约定俗成的习惯和准则,礼仪对人的各种行为规范都起着广泛的约束作用,然而这种约束力不是强制性的。礼仪并非像法律那样森严,也不像道德那样肃然,礼仪的实施无法依靠他人的监督和督促,即使有人违背了礼仪规范,也不可能受到法律的制裁。因而,礼仪的落实,主要取决于人们在实施礼仪的过程中树立起一种内心的道德信念和行为修养准则,不断提高自我约束、自我克制的能力,在人际交往中应自觉遵守礼仪规范。礼仪的自律性并非指礼仪是可以随意忽视的,不注重礼仪的人在日常生活及社会交往中往往四处碰壁,难免尴尬孤独,而自觉遵守礼仪规范的人则会处处受人尊重。

5. 等级性

礼仪的等级性表现为针对不同身份、地位的人士礼宾待遇有所不同。在社会生活中,人们通常以长幼之分、男女之别来规范个人的受尊重程度。而在官方往来中,则要有确定的官方礼宾次序,确定官方礼宾次序的主要依据是担任公职的层级及社会地位的高低。这种礼宾次序带有一定程度的强制性,不同公职身份和地位的人因此而得到不同的礼宾待遇,当然,这种对等接待并非意味着人与人之间存在尊卑贵贱,它是社会正常交往秩序的体现,反映了各级各类公务人员的社会身份和职业规范。礼仪的等级性在社会交往中还表现为双向对等性,即在不同地区、不同组织的交往中,双方人员在公职身份和社会地位上要相近,业务性质要类似,以此来表达对彼此的尊重。双方的交往还应当是一种尊重互换、情感互动的过程,同理,在礼节上也要有来有往、相互对等。这是工作需要与礼仪要求的结合统一。

二、中华礼仪

我国是传承数千年的礼仪之邦,声名远扬于海内外。在几千年的历史演变过程中,不但逐步形成了一套完整的有关礼仪的理论研究及实际应用,而且重礼仪、守礼法、讲礼信、遵礼仪已内化为人们的一种自觉意识而贯穿于社会活动的方方面面,成为中华民族的文化特征。

从孔子的"非礼勿视、非礼勿听、非礼勿言、非礼勿动",到现今所倡导的"八礼四仪":("八礼"是指"仪表之礼""仪式之礼""言谈之礼""待人之礼""行走之礼""观赏之礼""游览之礼""餐饮之礼";"四仪"是指"入学仪式""成长仪式""青春仪式""成人仪式"),中华礼仪走过了漫长的发展历程。在这些良好的社会风尚中,礼不仅是中国人的行为规范和道德准则,而且对形成人们良好的处世态度、人际关系和富有鲜明民族特色的生活习俗,凝聚民族力量、稳定社会秩序、推动社会进步,做出了极其重要的贡献。

(一)我国古代礼仪

在我国古代,礼仪中的"礼"文化和"仪"文化是先后发展起来的具有不同内涵的两种文化,适应当时的社会物质发展水平。"礼"是制度、规则的象征,属于社会意识形态;而"仪"则被定义为"礼"的一种具体表现形式,它的存在完全依附于"礼"的相关要求和内容,并由此形成了一套有着完整体系的程序。礼仪是为了维护封建等级制度,使得平民阶层能更好地为统治阶级服务而产生的。古代礼仪建立在等级、尊卑的基础上,它的本意在无形中带有特定时代的典型特点和局限性。

礼仪在其传承沿袭的过程中不断发生变化,从历史发展的角度看,可大致分为以下几个阶段:

1. 起源阶段

起源阶段约在公元前 21 世纪的夏朝产生之前。可考资料表明,此阶段原始的政治礼仪、祭祀礼仪、嫁娶礼仪等已有雏形,但不具备阶级性。

2. 形成阶段

形成阶段在公元前 21 世纪到公元前 771 年的夏、商、西周三个朝代。

自夏朝建立起,中国社会进入了奴隶制社会。这一时期大规模使用奴隶劳动,使得生产力较原始社会有了更大的进步,相应地,社会文化也得到了较大的发展。此阶段,奴隶主阶级为了维护本阶级的利益,巩固自身的统治地位,制定了比较完整的国家礼仪和制度,提出了极为重要的礼仪概念,如"五礼"(吉礼、凶礼、军礼、宾礼、嘉礼)等,确立了崇古重礼的文化传统。古代的礼制典籍很多撰著于这一阶段,例如西周,出现了中国历史上第一本关于礼的书籍——《周礼》。据传,传世之作《周礼》和《仪礼》乃周公之遗作,它们与其释文《礼记》,成为后世著称的"三礼"。"三礼"所涉及的各种礼制涵盖了中国古代礼仪的方方面面,是我国礼仪的经典之作,对我国后世的礼仪建设起到了不可估量的作用。

3. 变革阶段

变革阶段在公元前771年到公元前221年的春秋战国时期，是我国奴隶制向封建制转变的过渡时期。在此阶段，三代之礼在许多场合不再被大力推举。新兴利益集团开始制定符合自身利益并能巩固其社会地位的新礼。学术界百家争鸣，以孔子、孟子为代表的儒家学者系统地阐述了礼的起源、本质及功能等问题，第一次在理论上系统而深刻地论述了社会等级秩序划分及其意义，并制定了与之相匹配的礼仪规范和行为准则。

4. 强化和衰落阶段

强化和衰落阶段是从公元前221年到1911年，从秦汉时期到清末。此阶段的主要特点是尊神抑人、尊君抑臣、尊夫抑妇、尊父抑子。在漫长的历史演变过程中，一方面，礼仪起着调节、整合、润滑人际关系的作用；另一方面，它又逐渐变得妨碍人类个性的自由发展、阻挠人类的平等交往，成为窒息思想自由的精神枷锁。

(二) 我国现代礼仪

这一阶段大致从1912年直到现在，这是中国现代礼仪的形成和发展时期。

辛亥革命之后，西方文化大量传入中国，一部分传统礼仪规章制度逐渐被时代所摒弃，科学、民主、自由、平等的观念快速深入人心，新的价值观念和礼仪标准得到传播和推广。中华人民共和国成立以来，在马克思列宁主义、毛泽东思想、邓小平理论、"三个代表"重要思想、科学发展观、习近平新时代中国特色社会主义思想的指导下，新型社会关系、人际关系逐渐确立，标志着中国礼仪、礼学进入新的历史时期。

改革开放以来，随着中国与世界的交往日趋增强，许多礼仪从内容到形式都在不断革新，既继承和发扬了中华民族在礼仪方面的优良传统，又在新的层次上同国际礼仪接轨，是符合国际通行原则的礼仪规范。

我们已经大步迈进21世纪20年代，我国科学技术日新月异，经济文化繁荣发展，人们生活水平显著提高，为中华民族的崛起奠定了坚实基础，亦赋予现代礼仪全新的概念，与古代礼仪相比，现代礼仪在目的、基础及内涵上有了很大的区别。在古代礼仪逐渐向现代礼仪发展、演变、进化过程中，我们必须坚持取其精华、去其糟粕的原则，将原先那些为剥削阶级利益服务的礼仪摒弃，坚持那些对当今依然有着向上、向善意义的传统文明礼仪，例如尊老爱幼、孝顺父母、谦虚有礼、礼貌待人等。

习近平总书记在党的二十大报告中指出："广泛践行社会主义核心价值观。社会主义核心价值观是凝聚人心、汇聚民力的强大力量。弘扬以伟大建党精神为源头的中国共产党人精神谱系，用好红色资源，深入开展社会主义核心价值观宣传教育，深化爱国主义、集体主义、社会主义教育，着力培养担当民族复兴大任的时代新人。"青年大学生坚定信心，强化自觉，提升素质，投身民族复兴伟业具有重要而深远的意义。只有源源不断地造就担当民族复兴大任的时代新人，中华民族才能更好地把握今天、开创明天、赢得明天。

第二节　现代礼仪的作用与原则

一、现代礼仪的作用

礼仪修养水平反映了一个国家、一个民族的文明程度,影响其发展进程。对社会来说,礼仪能够改善人们的道德观念,净化社会风气,提高社会文化素质;对于个人来说,礼仪可以建立自尊,增强自重、自信、自爱,为社会的人际交往铺平道路,处理好各种关系。因此,礼仪在当前进行的社会主义现代化建设中具有十分重要的作用。

(一)注重礼仪是社会主义核心价值观的要求

党的十八大提出,倡导富强、民主、文明、和谐,倡导自由、平等、公正、法治,倡导爱国、敬业、诚信、友善,积极培育和践行社会主义核心价值观。"富强、民主、文明、和谐"是我国社会主义现代化国家的建设目标;"自由、平等、公正、法治"是对美好社会的生动表述;"爱国、敬业、诚信、友善"是公民的基本道德规范。我们国家正处在社会主义发展初级阶段,社会制度建设还不够完善,在国内发展任务艰巨、国际态势风云变幻的今天,倡导文明风气,歌颂高尚行为,使每个公民都能自觉遵守社会公德,讲文明、有礼貌、懂礼仪,对于社会主义建设有着重要的意义。礼仪看起来是日常生活和工作中极为普通的、细微的事情,但它却代表着一种深刻的道德力量,这种道德力量潜移默化地体现在全体公民身上,它将内化为伟大的民族精神的内涵,它能够弘扬正气、增强凝聚力、陶冶情操、净化心灵。注重礼仪对于巩固和发展社会主义生产和生活秩序、推动社会进步,无疑有着非常重要的意义。

(二)注重礼仪是社会生活中应有的行为规范

文明公民应当自觉地讲究礼仪。在社会生活中,每个人都希望得到他人的尊重,而要想得到他人的尊重,首先要从尊重他人做起。尊重他人就应当对他人有礼貌、讲礼仪,礼貌礼仪是衡量一个人文明程度的标准。人们在见面时相互握手、行礼、拥抱、献花等,这是对对方表示尊重和友好的礼貌行为。一个人在与他人交往时能够真诚热情、谦恭随和、耐心周到,这是讲究礼仪的表现,这些行为能够反映出一个人的精神风貌、道德情操、气质修养,以及处理问题的能力。有礼貌、讲礼仪的人才能受人欢迎,也才能受到他人的尊重。在社会生活中,人们必须按照社会公认的行为规范去交往、去生活,如遵守公共秩序、尊老爱幼、遵时守信、注重仪容仪表等。这些规范约束着人们的行为,创造出安定和谐的生活工作环境,实现人与人之间的有效交往。

(三)注重礼仪有利于建立良好的人际关系

礼仪是人际关系的"润滑剂"。每个人都希望生活在一个安定团结、和睦友好的环境中,而这种环境需要礼貌、礼节去创造和维持。一句热情的问候、一个亲切的微笑,都可以使你得到一个朋友,收获一份友情,生活会因此变得温馨和谐。一声"对不起""请原谅",能够减少摩擦，转怒为喜；而横眉冷对、出言不逊、高傲冷漠，就可能气氛紧张，矛盾横生，生活会因此变得索然无味，工作中会困难重重。在社会生活中，礼仪就如同春风与美酒，滋润着人们的心灵，沟通着人们的情感，化解了人与人之间的矛盾，使人们彼此尊重、相互理解、达成共识。礼仪在协调人际关系方面有着难以估量的作用。

(四) 注重礼仪是社交活动的需要

人与人的相识是借助礼貌礼仪开始的。在社交活动中，每个人总是以一定的仪表、装束、言谈、举止及某种行为出现的，这些因素作用于对方的感官，会给其留下第一视觉印象，这种印象能产生直接的效果，常常会使人形成一种特殊的心理定式和情绪定式，无形中影响着人们相互交往的进展与深度。得体大方的衣着、彬彬有礼的举止、良好的精神面貌、温文尔雅的谈吐，定会给人留下深刻美好的印象，从而取得信任、建立友谊，有效地进行社交活动。在与人交往的过程中，只有懂礼仪的人，才能够在待人处事、交往应酬中应付自如，才能够被周围的人所接受。在社交活动中，礼仪不仅起着媒介的作用，而且起着"黏合"和"催化"的作用，对于表达感情、增进了解、树立形象而言是必不可少的。

(五) 注重礼仪有助于增强国人的民族自尊心

礼仪是国家的软实力，是走向世界的一张名片。国民个人修养代表着国家形象。随着我国与世界各国的交流不断深入，礼仪也存在与世界接轨的问题，学习世界各国、各民族的礼俗就显得十分必要。我们不但要继承和发扬中华民族优秀传统文化，而且还要充分体现时代精神，吸收世界文化优秀成果，融会贯通、西为中用，逐步形成一套与世界礼仪接轨的现代礼仪。在对外交往中讲究礼仪，可以展示中国人民的精神风貌，增强民族自尊、自强的精神力量，加深与世界各国人民的友谊和交流，提高我国的国际地位和威望，弘扬中华民族优秀文化，推动构建人类命运共同体，为人类的和平与发展而不懈努力。

二、现代礼仪的原则

(一) 尊重的原则

尊重是现代礼仪的实质，是礼仪的情感基础，是人们社会交往中一条最基本的原则。尊重他人是赢得他人尊重的前提，要求施礼者要体现出对他人真诚的尊重，而不能藐视他人。对于仪容仪表、行为举止、礼貌语言的规定都是尊重客人的具体要求。真诚地对待对方是尊重他人的真挚情感的自然流露。如果心存不敬，却又故意表露出热情，只会让人觉得做作，反而容易引起反感；在人际交往中，要学会彼此尊重、彼此宽容，尊重他人的思想观点和个性。当他人与自己的观点意见不同时，不应将自己的观点强加于人；要善于同个性特征不同的人交往，尊重对方的人格和自由；要给对方留有余地，避免有可能伤及对方自尊的言行；要善于从对方的角度出发去思考问题。

(二) 适度的原则

热情会使人感到亲切温暖，但是过分的热情，也会使人感到虚情假意而有所防备，反而不利于交往的顺利进行。

人与人之间的空间距离,主要有以下四种:

(1)私人距离,0.5米以内,也叫亲密距离。

(2)社交距离,0.5~1.5米,也叫常规距离。

(3)礼仪距离,1.5~3米,也叫敬人距离。

(4)公共距离,大于3米,适用于在公共场合与陌生人相处。

交往过程中要态度热情,合乎规范,距离适当。

(三)从俗的原则

每个民族在其发展的过程中都形成并保存了自己特有的礼仪规范和形式,在交往过程中,要尊重对方的风俗、习惯,了解并注意各自的禁忌。如果不注意禁忌,就会在交往中引起不必要的麻烦和障碍。古人云:"入境而问禁,入国而问俗,入门而问讳。"对交往对象所特有的习俗予以尊重,可以增进相互间的理解与沟通,从而更好地表达亲善友好之意。

第三节　现代礼仪修养

礼仪是人际交往的前提,是社会交际的"钥匙"。讲究礼仪,遵从礼仪规范,可以有效地展现一个人的教养、风度与魅力,更好地体现一个人对他人和社会的认知水平和尊重程度,从而使个人的学识、修养和价值得到社会的认可和尊重。适度、恰当的礼仪不仅能给他人以可亲、可敬、可合作、可交往的信任,而且会使与他人的合作过程充满和谐。礼仪不仅可以美化人生,而且可以培养人们的社会性,同时还是社会生活和交往的需要。新时代的大学生更应当提高自身的礼仪修养。修养是内功,只有不断提高自己的素质,多学习一些有助提升自身修养的知识,并且遵循社会公德,才能提升自己的修养。

一、提升自身修养

在社会生活中,有修养的人往往更能赢得人们的尊重,有自尊心的人都希望自己成为一个很有修养的人、一个有用的人。虽然每个人的修养是不尽相同的,但是提升自我修养是大多数人的愿望。

(一)要使自己拥有健康的人格

健康的人格包括:思想成熟;有安全感;客观地看待世界;胜任所承担的工作;能够客观地认识自己;有坚定的价值观和道德心。也就是说,拥有健康人格的人应该是利于自我健康生长的、利于自我潜能发展的,作为社会的人,他是能和谐地融入社会的,他的作为是利于社会发展的。健康人格不是与生俱来的,需要后天教育和自我努力才能形成,所以这就需要我们的教育者和受教育者共同努力,让受教育者逐步拥有健康的人格。

(二)勤于学习,踏实工作

不断学习科学文化知识,提高文化素质。多读书、多学知识其实就是给大脑补充能量,就会帮助人们在纷繁复杂的社会中不为所乱,站得更高、更稳;工作中兢兢业业,不断积累经验,完善自己,使自己拥有强大的力量,不做华而不实的人。现在浮躁的人很多,今天做事,明天就想见成效,见不着效果就想掺点儿假,全然不讲基本功的积累,不走稳扎稳打的路子,急于求成,结果反而是欲速则不达。

(三)做人知宽容,做事懂原则

要有"大肚能容,容天下难容之事"的胸怀。生活中存在的事物都有其存在的原因,所以我们首先要持有一种理解的态度。要学会控制自己的情绪。生活中经常会发生这样或那样的事,人在情绪激动后,很容易做出不理智的行为,造成不良后果。对于人和事,多一分理解,多一分关怀,多一分支持和帮助,生活就会变得快乐。做事还要有原则,不要违背良心。

(四)善于处世,乐于生活

要有集体主义思想,有服务社会的思想,不能过于自私,只想为自己服务。有人说:"人不为己,天诛地灭。"试问:如果每个人都只为自己着想,那么,你又如何从他人那里获得帮助呢?要学会严以律己、宽以待人,要与人为善。人是社会的人,身在社会中就要和人打交道,如果不知道如何与他人相处、如何和他人建立良好的人际关系,是不利于自己的成功的。要有快乐的生活态度,生活在同样环境中的人,有钱的并不一定快乐,是生活态度决定了谁生活得更加快乐。人要学会知足,俗话说:"知足常乐。"在为人处事方面,能进则进,不能进,则退一步海阔天空。

二、培养兴趣爱好

兴趣爱好是指一个人力求认识某种事物或从事某种活动的心理倾向。所谓打锣卖糖,各爱各行,就是说人们的兴趣是多种多样、千差万别的。在实践活动中,兴趣能使人们生活目标明确,积极主动,从而能自觉克服各种艰难困苦,获取工作的成就,并能在活动过程中不断体验成功的愉悦。

(一)增加知识储备,培养兴趣的基础

知识越丰富的人,兴趣也越广泛。知识是兴趣产生的基础条件,因而要培养某种兴趣,首先应进行相关知识的积累,如要培养写诗的兴趣,就应先接触一些诗歌作品,体验一下诗歌美的意境,学习写诗的基本技能,这样才可能激发出诗歌习作的兴趣来。

(二)热爱生活,诱发兴趣

丰富的生活是兴趣产生的土壤。一个人只要深入现实生活中,就会遇到许多感兴趣的事物,要使自己产生广泛而多样的兴趣,青少年应该持有积极的生活态度、乐观向上的人生观,热爱生活、热爱人生,用热情的态度去观察了解世界,积极参与各种社会活动,把自己与火热的生活紧密联系在一起,这样,你就会感到世界的新奇美好和生活的多彩多姿,兴趣自然就会产生了。但如果你对生活冷漠悲观,那么,任何事物都难以激发你的兴趣。

(三)保持好奇,发展兴趣

居里夫人说过:"好奇心是学者的第一美德。"好奇心是兴趣产生的基础。兴趣总是从好奇开始,因为好奇而去探究就会发展为兴趣。而好奇心常常来得快,去得也快,于是兴趣也随之减退了。要使兴趣不断发展增强,就要始终保持好奇心,而要保持好奇心,就要善于提出疑问,不断进行探究。问题总是无穷无尽的,好奇心就会长期维持,兴趣也就会相应地稳定发展。

(四)深化兴趣,形成志趣

从兴趣发展过程来看,兴趣分为三个阶段、三种水平,即有趣、乐趣、志趣。有趣是兴趣的第一阶段,属低级水平,其特点是随生随灭,为时短暂,属于一种直接兴趣和短暂兴趣。第二阶段是乐趣,是兴趣的中级水平。乐趣是在有趣的基础上形成的,其特点是基本定向,为时较长。第三阶段是志趣,是兴趣的高级水平,是在乐趣和理想结合的基础上形成的,其特点是积极自觉甚至终身不变。在一种兴趣产生后,我们就要评价它的价值,并不断使它向更高一级水平发展。要选择具有积极意义的兴趣作为中心兴趣,争取把这种兴趣与自己向往的职业结合起来、与自己的志向结合起来,从而上升到志趣水平。

(五)扬长避短,选择兴趣

兴趣爱好主要靠后天培养,但也离不开一定的客观条件,包括个人的素质,学校、家庭的条件,社会的需要等。有的同学嗓音生来沙哑,却爱好唱歌,这种爱好就难以唱出成果。有一名少年的父亲是位书法家,他选择书法作为自己的爱好,由于经常得到父亲的指点,小小年纪在书法方面就很有成就。所以,我们在选择兴趣爱好时,要根据自己的各方面条件,扬长避短,借助自己的优势,使兴趣发挥最好的效能。

(六)参加实践,强化兴趣

实践活动是培养兴趣的基本途径,也是增强兴趣的基本途径。在实践中获得成功,可以使人的需要得到满足,体会到成功的乐趣,从而增强兴趣。实践中出现的新的未知领域,也会激发我们探求的欲望。实践活动还会使我们对已有兴趣的事物有进一步认识和了解,增强兴趣。

(七)筛选淘劣,优化兴趣

青少年由于年龄小,经验知识不足,辨别水平不高,会养成一些无益甚至有害的兴趣爱好。我们要会正确辨别区分,什么是高雅、健康、积极向上、有益的兴趣爱好,什么是庸俗、低级的不良嗜好,对自己的不良兴趣爱好要用坚强的意志和毅力把它克服和纠正掉。用积极的态度主动培养那些对自己的健康成长有益的兴趣爱好。

三、遵循社会公德

社会公德作为人类社会生活中最起码、最简单的行为准则,是和广大人民群众的切身利益密切相关的,是为适应社会和人的需要而产生的。一个地区或一个国家的精神面貌总是先从社会风尚中表现出来。它对人们的社会生活具有特殊且广泛的社会作用。每个社会成员都应该自觉遵守社会公德。

（一）社会公德的核心

从我国历史和现实的国情来看,当代社会主义公德以为人民服务为核心,以集体主义为原则,以爱祖国、爱人民、爱劳动、爱科学、爱社会主义为基本要求。在人际交往和职业操守方面都应当融入社会公共道德,使之成为社会成员普遍认同和自觉遵守的行为准则。不论社会分工、能力强弱,社会成员都应该在本职岗位,通过不同形式做到为人民服务,把为人民服务作为个人道德素养的核心。在新的形势下,必须继续大力倡导为人民服务的道德观,把为人民服务的思想贯穿于各种具体道德规范之中。正确处理个人与社会、竞争与协作、先富与共富、经济效益与社会效益等关系,提倡尊重人、理解人、关心人,发扬社会主义人道主义精神,为人民、为社会多做好事。反对拜金主义、享乐主义和极端个人主义,形成体现社会主义制度优越性、促进社会主义市场经济健康有序发展的良好道德风尚。

（二）社会公德的原则

社会公德是社会主义经济、政治和文化建设的必然要求。在社会主义社会,人民当家做主,国家利益、集体利益和个人利益根本上是一致的,使集体主义成为调节三者利益关系的重要原则。正确认识和处理国家、集体、个人的利益关系,提倡个人利益服从集体利益、局部利益服从整体利益、当前利益服从长远利益。反对小团体主义、本位主义和损公肥私、损人利己,把个人的理想与奋斗融入广大人民的共同理想和奋斗之中。

（三）社会公德的基本要求

要把爱祖国、爱人民、爱劳动、爱科学、爱社会主义与具体道德规范融为一体,贯穿社会成员道德建设的全过程。发扬爱国主义精神,提高民族自尊心、自信心和自豪感,以热爱祖国、服务人民为最大光荣,以损害祖国利益、民族尊严为最大耻辱。提倡学习科学知识、科学思想、科学精神、科学方法,艰苦创业、勤奋工作,反对封建迷信、好逸恶劳,积极投身于建设中国特色社会主义的伟大事业。

（四）社会公德的行为准则

在现代社会,公共生活领域不断扩大,人们相互交往日益频繁,社会公德在维护公众利益、公共秩序,保持社会稳定方面的作用更加突出,成为公民个人道德修养和社会文明程度的重要表现。要大力倡导以文明礼貌、助人为乐、爱护公物、保护环境、遵纪守法为主要内容的社会公德,鼓励人们在社会上做一名好公民。

随着现代社会分工的发展和专业化程度的增强,市场竞争日趋激烈,整个社会对从业人员职业观念、职业态度、职业技能、职业纪律和职业作风的要求越来越高。要大力倡导以爱岗敬业、诚实守信、办事公道、服务群众、奉献社会为主要内容的职业道德,鼓励人们在工作中做一名优秀建设者。

家庭生活与社会生活有着密切的联系,正确对待和处理家庭问题,共同培养和发展夫妻爱情、长幼亲情、邻里友情,不仅关系到每个家庭的美满幸福,也有利于维持社会的安定和谐。要大力倡导以尊老爱幼、男女平等、夫妻和睦、勤俭持家、邻里团结为主要内容的家庭美德,鼓励人们在家庭里做一个好成员。

综合案例

娜娜和婷婷是一对好朋友。有一次学校发放"贫困生助学贷款申请表",娜娜了解婷婷家境贫寒的状况,符合申请要求,并且婷婷也急需这一笔助学贷款,因此她就催促婷婷去领表。但是婷婷迟迟未见行动,娜娜急了,叫起来:"你不是跟我说过,你爸妈都失业了,家里没钱供你读书,只能跟亲戚借,但借钱时亲戚的脸色不好看吗?与其看别人脸色,还不如申请助学贷款。"当时正是课间,很多同学的目光都被吸引到两人身上。婷婷的脸色不是很好看,依然一言不发。娜娜自觉失言,却不知道如何补救,两个好朋友好长一段时间都没有说话。

案例思考题:

1. 通过上述案例的分析,当代大学生应该具备哪些礼仪修养?

2. 现代礼仪有哪些作用?

本章小结

自从有了人类历史,礼仪便随之产生。本章重点介绍了礼仪的基本概念、中华礼仪的发展,强调了现代礼仪的作用与原则,以及当代青年应具备的礼仪修养。

复习与思考

一、名词解释

礼、礼貌、礼节、礼仪。

二、简答题

1. 简述我国礼仪的起源与演变过程。

2. 现代礼仪有哪些作用?

3. 当代青年应具备哪些礼仪修养?

第二章
个人形象塑造之仪容礼仪

通过本章的学习,应达到以下目标:

◆ **知识目标**

1. 了解皮肤及头发的保养方法;

2. 有针对性地修饰、美化自己的仪容。

◆ **能力目标**

1. 认识自身肤质、发质;

2. 根据自身特点,结合不同场合,熟练地进行得体的化妆。

◆ **思政目标**

1. 通过对自身肤质、发质的认知,培养学生发现美、欣赏美、创造美的能力;

2. 通过对个人仪容之美的塑造进一步提高学生的精神素养,陶冶情操,培养健全人格。

习近平总书记在党的二十大报告中指出:"青年强,则国家强。当代中国青年生逢其时,施展才干的舞台无比广阔,实现梦想的前景无比光明。"当代青年需要修炼良好的仪容与气度,树立正面的学生形象。

仪容即容貌,由发式、面容以及人体所有未被服饰遮掩的肌肤所构成,是个人仪表的基本要素。俗语有云:"三分长相,七分打扮。"容貌在很大程度上取决于先天遗传因素,但后天的修饰、美化作用同样不可忽视。保持清洁是最基本、最简单、最普遍的美容。在某些场合,适当的美容化妆是一种礼貌,也是尊重自己、尊重他人的体现。化妆的浓淡要根据不同的时间和场合来选择。在平时,以化淡妆为宜,注重自然和谐,不宜浓妆艳抹、香气浓郁;参加晚会、舞会等社交活动时,则应适度浓妆。在个人仪表方面,仪容是重中之重。在人际交往中,一个人的仪容往往会引起交往对象的特别关注,也会影响到对方对自己的整体评价。

第一节　皮肤保养

皮肤是指包在身体表面,直接跟外界环境接触,具有保护、排泄、吸收、分泌、免疫、调节体温和感受外界刺激等作用的一种器官。同时,皮肤也是人体最大的感觉器官和最引人注目的审美器官,体现了人体的美感信息。特别是面部皮肤的健康状态,是反映整个人体健康状态的一面镜子。

一、皮肤的类型

无论种族和肤色,人的皮肤通常可以分为干性皮肤、中性皮肤、油性皮肤、混合性皮肤、敏感性皮肤等几种类型。

干性皮肤的特征是肤质细腻,角质层较薄,毛孔细小,皮脂分泌少且均匀,表面几乎不泛油光;皮肤较干燥,不易生粉刺。如果受到风吹日晒等外界刺激,皮肤容易泛红,甚至脱皮、干裂。干性皮肤容易老化,出现松弛现象,眼周及嘴角四周易形成表情纹。

中性皮肤的特征是皮肤纹理细腻、柔软,组织滑而细,毛孔不粗大,也不过于油腻,皮脂分泌通畅,角质层水油平衡,皮肤红润光泽且富有弹性;但易于受到季节变化的影响,夏天趋向于油性,冬季趋向于干性。

油性皮肤皮脂腺的分泌功能比较旺盛,面部油腻,难于清洁,过多分泌的油脂会导致影响美观的油光出现;同时,还易导致面部相关皮肤疾病的出现,如痤疮、脂溢性皮炎等。控制皮脂腺过度分泌、减轻出油症状是护理油性皮肤需要注意的事项。

混合性皮肤兼具油性皮肤和干性皮肤的共同特性。其具体表现为额部、鼻部、口周、下颌部位油脂分泌旺盛,皮肤油腻、毛孔粗大,容易滋生细菌从而导致痤疮或黑头的产生;而面部其他部位皮肤油脂分泌较少,皮肤干燥,角质层含水量低,特别是面颊、口周等部位常出现缺水的情况,易衰老并产生皱纹。

敏感性皮肤表皮较薄,毛细血管明显,受到各种刺激(如保养品、化学制剂、花粉、某些食品、污染的空气等)时,很容易过敏,导致皮肤出现红肿、发痒、脱皮及过敏性皮炎等异常现象。此类皮肤护理时需要注意不能过度去角质,不能频繁更换保养品,不使用含有致敏成分的化妆品。

二、皮肤的日常护理

不同季节、不同环境下,人的皮肤状态会发生一些变化,因此,日常所使用的护肤品需要根据不同情况做出相应的调整。在确认了皮肤类型之后,可以有针对性地选择护肤品。

(一)日常护理的正确步骤

1.清洁

皮肤的清洁能有效去除皮肤的污垢,还能帮助皮肤更好地吸收护肤品,因此,皮肤的清洁非常重要,需要选择一款适合自身肤质的洁面产品。可以先用温水洁面,再用冷水轻拍面部,有助于促进面部毛孔的收缩。

2. 爽肤水

使用爽肤水可以补充肌肤的水分,有助于后续护肤品的吸收。爽肤水的类型可以根据自身的肤质进行选择。

3. 乳液/面霜

对皮肤最重要的保养就是补水和保湿了,一款好的适合自身皮肤的乳液和面霜能使皮肤一整天都处于水润状态。

4. 防晒/隔离

认为只有夏天才需要防晒的观念是错误的。因为紫外线一直都在,所以,一年四季防晒都是必不可少的步骤。防晒霜属于护肤品,隔离霜和粉底一样属于彩妆产品。防晒属于护肤的最后一步,隔离霜是将护肤品和彩妆产品隔离开来,起到分隔作用。涂完防晒霜就可以涂隔离霜了。

5. 彩妆

皮肤的打底工作做好之后,就可以用彩妆产品给面部肌肤化上美美的妆容了。

(二)皮肤护理的注意事项

1. 坚持日常护理

为了保持皮肤良好的状态,要注意休息,保证充足的睡眠。每日清洁皮肤2~3次,洁肤产品性质要温和;如果皮肤上过彩妆,需要做彻底的卸妆处理。

2. 做好防晒工作

为了防止肌肤被晒黑、晒伤而采取一些措施来阻挡紫外线的伤害。一般的防晒方法有:涂抹防晒产品;穿防晒衣等衣物,戴帽子;食用防晒食物等。

3. 注重眼部保养

每晚坚持在眼周做眼部按摩,轻轻地在眼周画圈,然后用手指轻叩眼眶,点压眼眶上的穴位。若眼睑浮肿,可以用毛巾冷敷的方法消除眼部疲劳、浮肿及黑眼圈。

4. 身体皮肤护理

除了脸部皮肤外,身体肌肤也需要注意保养,沐浴露要选用含有保湿成分的。沐浴后,应该为身体涂身体乳,以滋润身体皮肤并保湿。

5. 情绪及运动

保持稳定的情绪和良好的心境是保养皮肤最有效的方法。同时,还应该做一些有氧运动,促进血液循环,增强新陈代谢,维持皮肤紧致。

6. 健康饮食

为了保持肌肤的水油平衡,要养成健康的饮食习惯。在日常饮食中,多摄取维生素、蛋白质、矿物质等营养成分,补充肌肤所需的营养。远离垃圾食品。多喝绿茶可有效促进新陈代谢,抵抗氧化。

(三)忌过度保养

要想保持良好状态,皮肤保养显然举足轻重,但是,凡事过犹不及,过度保养反而不利于皮肤保养。

1.过度清洁

有的人一天做面部清洁三次或以上,甚至经常去角质。频率过高的清洁会成为后续各种皮肤问题出现的导火索。皮肤表层有一层皮脂膜,是人体第一道天然屏障,可以杀菌或抑制微生物的生长,滋润皮肤,不能轻易破坏。过度频繁地用洗面奶或洁面用品清洁面部来达到洁面控油的目的相当于自毁皮脂膜。没有这一层保护膜,皮肤问题会接踵而来:干燥、敏感、毛孔粗大等。过度使用化学品洗头、洗手、洗澡等,也会破坏人体的保护层,从而导致皮肤过敏、干燥等问题的出现。

2.过度保养

随着科学技术的日益发达和物质生活水平的日益提高,护肤品的种类也日益增多,比如水、乳、霜、面膜等,有些人会将各种护肤品一股脑儿全用在脸上,这些都属于过度保养。长期滥用化妆品会导致毛孔粗大、肌肤暗沉、皱纹、松弛、敏感等问题的出现。实际情况是,只需基础护理,例如清洁,根据季节和环境选择适合皮肤类型的护肤品,有规律地使用面膜,就可以满足护肤的基本需求了。

3.过度暴露

爱美之心人皆有之,根据市场需求,短裙、热裤、露脐装、低胸装等各种可以秀出好身材的服装充斥市场,即使在寒冷的冬季也有人穿短裙,这些都是过度暴露的行为。如果长期衣着暴露,会导致皮肤老化。皮肤的好坏除了先天遗传之外,后天的人为因素也起着很大的作用。日晒时,紫外线会加速皮肤的老化和损伤,导致皱纹、各种色斑和皮肤萎缩等问题的产生。

4.过度美白

俗语有言:"一白遮百丑。"很多女性选择使用美白产品来提亮肤色。实际情况是,很多美白产品含有激素或重金属汞等物质,短期使用有增白效果,但如果长期使用,会对皮肤造成很大的伤害。如果想要美白,最关键的不是使用美白产品,而是要做好防晒。皮肤自身有自然代谢黑色素的功能,所以,只要做好防晒,即使不用美白产品,虽然效果变化缓慢,但色素沉淀还是可以自然淡化的。

5.频繁光顾美容院

随着人们生活水平的提高,人们对美的追求也变得越来越高,相当多的人会定期去美容院对皮肤进行护理。经常去美容院的人,皮肤看上去的确白嫩,实际上角质层却变得越来越薄。角质层作为人体皮肤的第一道保护屏障,只有不到 0.1 mm 的厚度,一旦遭到破坏,就很容易受到各种因素的侵害,易导致如色斑增多、脱皮、过敏等皮肤问题。

三、化妆

化妆是运用各种彩妆用品,突出和强调面部自然美的部分,弥补或者弱化容貌上的部分缺陷,使自身仪容中美的地方更美、有不足的地方尽可能地美起来,塑造健康自然、淡雅大方的容貌,使整体仪容看上去更和谐、更美丽。

↗ **小常识**

化妆的"三庭五眼"原则

仪容的美感体现为五官端正、皮肤健康。在关注皮肤的美丽健康的同时,我们同样需要注重对五官的修饰。

五官端正,是指五官布局合理。"三庭五眼"是中国古代关于面容比例的关系的一种概括,可以作为面容修饰着色定位的参照尺度。

"三庭"是指将脸横向分为上庭、中庭和下庭。上庭是从额头发际到两眉头连线之间的距离;中庭是从两眉头连线到鼻翼底端之间的距离;下庭是从鼻翼底端到下颌底(下巴尖)的距离。理想的比例是上庭:中庭:下庭=1:1:1,即三者长度相等。

"五眼"是指以一只眼的长度为单位,将脸纵向分为五份,即:左太阳穴处发际至左眼眼尾的长度;左眼外眼角至左眼内眼角的长度;左眼内眼角至右眼内眼角的长度;右眼内眼角至右眼外眼角的长度;右眼外眼角至右太阳穴处发际的长度。理想的比例是这五者长度相等。

眉毛标准:将鼻翼和内眼角连成一垂直线,眉毛的起始位置是直线的延长线与眉毛的交叉点,从鼻翼至外眼角连线的延长线与眉毛交叉点为眉毛的尾部。

嘴的标准长度:嘴角在瞳孔平视时瞳孔内侧的垂直线上。

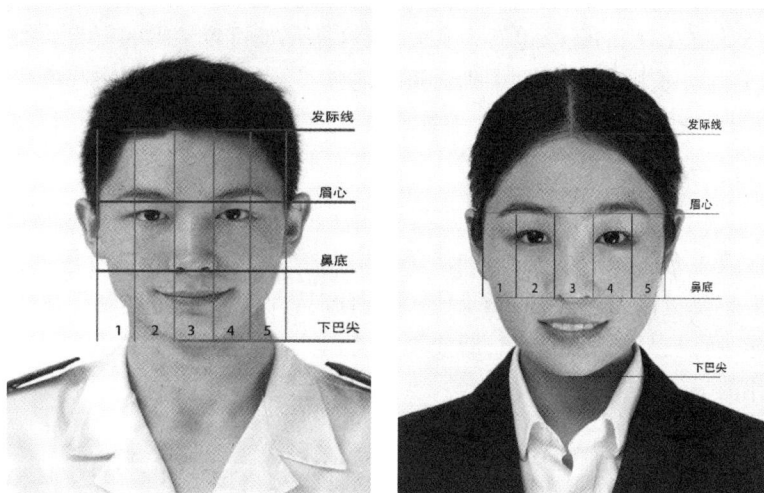

"三庭五眼"示意图

(一)化妆的功能

对于职场人士而言,化妆有以下两个主要功能:

(1)要求单位员工化妆上岗,有助于体现单位的令行禁止和统一性、纪律性,有助于提升单位形象,突显单位文化。

（2）要求单位员工化妆上岗，可以表达对交往对象的尊重。也就是说，在正式场合及商务交往中化妆与否，绝非个人私事，而是被交往对象看作衡量对其尊重程度的尺度。在国际商务交往中，这一点表现得尤为明显。在国外许多地方，参加商务活动但未化妆，会被交往对象理解为一种藐视甚至侮辱。

（二）化妆的技巧

化妆是运用化妆品和工具，采取合乎规则的步骤和技巧，对人体的面部、五官及其他部位进行渲染、描画、整理，增强立体感，调整形色，掩饰缺陷，表现神采，从而达到美化视觉感受的目的。化妆要想有一定造诣，就需对化妆品的种类、化妆的程序和规范有一定的认识。

化妆品可以划分为以下四类：

（1）润肤型化妆品。常见的有香脂、洁面乳、精华液、爽肤水、乳液、润肤霜、面膜等。

（2）美发型化妆品。常见的有香波、护发素、发蜡、发乳、发油、摩丝、发膜、冷烫液、染发水等。

（3）芳香型化妆品。常见的有香水、香粉、香粉蜜、花露水等。

（4）修饰型化妆品，也称之为彩妆产品。常见的有粉饰、油彩、唇膏、眉笔、眉粉、眼影、睫毛膏、化妆水、腮红、高光、阴影、唇线笔等。

职业女性要特别遵循整体协调的原则。千娇百媚各不同，虽说每个人的面容及气质都有自己的特点，不同时期的审美标准也会发生一定程度的变化，出席不同的活动也应持有不同的妆容，因而化妆的重点及风格也不尽相同，但化妆的基本步骤都大同小异。

化妆的基本步骤包括以下几步：

1. 洁面

化妆前必须先彻底清洁面部肌肤，尤其是很多人容易忽略的、油脂分泌较多的鼻翼两侧、额头等处。如果时间充裕，还可以通过敷面膜对面部肌肤进行护理。敷完面膜再上妆，可以使面部妆容更加服帖自然。

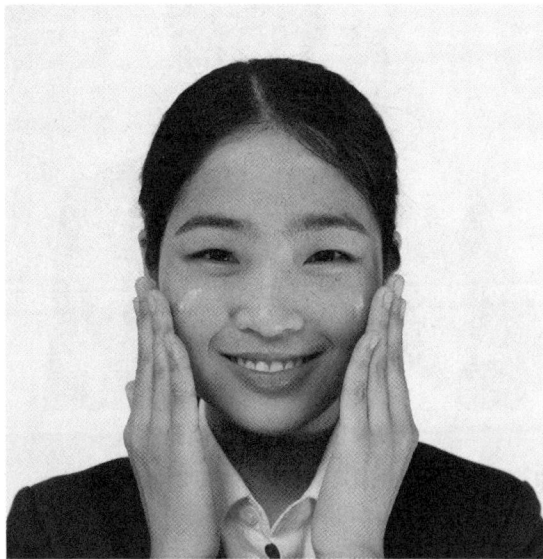

洁面示例

2. 护肤

洁面后,可以使用化妆水或爽肤水轻轻拍打面部,收缩毛孔,增加皮肤弹性。然后涂上护肤类化妆品,如乳液、面霜或美容霜等,要涂抹均匀,使皮肤保湿,还可起隔离作用,防止彩妆类化妆品直接进入毛孔,导致色素沉淀。

护肤示例

为了保持皮肤润泽,尤其是在空调房间以及干燥的秋冬季,建议随身携带补水保湿喷雾,随时补水。

保湿示例

20 岁以上的女性,建议在眼周涂抹眼霜,以保护眼周娇嫩肌肤。

3. 打底

使用底霜(隔离霜、粉底霜、BB 霜、CC 霜等)不仅可以改善皮肤色泽,遮盖皮肤瑕疵,还可以使女性皮肤看上去更细致光滑。

打底示例

粉底霜色号的选择应考虑脸部和脖子色度的协调。购买粉底霜时,可以取一点涂在靠近脖颈的脸颊部,若颜色接近自己颈部的肤色,即为适合自己的色号。不可使用过白的底色,否则会使人感觉失真,好似戴了面具一样,反而不好看。

4. 遮瑕

底妆上好之后,有些小的斑点及黑眼圈等地方,可以用遮瑕膏进行遮盖。遮瑕膏的种类一般分为三类:液状、条状及膏状。膏状和条状的遮瑕效果更佳,但要求上妆技术熟练;液状遮瑕的效果较差,但质地清爽,更易化出自然的妆容。

遮瑕示例

5. 定妆

定妆的目的是固定妆容、柔和妆面。定妆粉可以吸收皮肤多余油脂分泌物,保护皮肤免受紫外线、灰尘等的刺激。

使用定妆粉时,建议用粉扑或粉刷轻轻地在脸上扑,千万不要用力扫。定妆粉不宜涂得过多,要涂得薄而均匀。

定妆示例

6. 画眉

应该根据自己的脸型和整体妆容选择合适的眉形。眉毛的生长规律是两头淡、中间深,上面淡、下面深。修饰眉毛时应选择恰当的眉笔或眉粉,眉毛的颜色要与头发的颜色接近,才显得和谐统一。画完后,可以用眉刷轻刷双眉,使眉毛顺滑自然。

画眉示例

7. 眼部

（1）眼影。眼影的画法视场合而定,颜色要符合出席的场合,并与整体妆容和着装的主色调相协调。

出席普通场合一般建议化淡妆,因此眼影建议选择浅色系。女性航海人员,一般使用白色、浅咖色、深咖色三色眼影即可满足化妆需求。

画眼影时,首先选用最淡的颜色打底,涂满眼窝;然后用粗头眼影棒、眼影刷或直接用手指蘸取中间色,自外眼角处向眼窝方向轻轻晕染开;最后再蘸取暗色眼影,在睫毛根部画出线条并轻轻向外晕开,再向下眼睑外眼角处画上约 1/2。

画眼影示例

（2）眼线。眼线可以增加生理睫毛的合理浓密程度,增加眼睛神采,从视觉效果来说,可以让眼睛看起来更大。

画眼线时可以选择黑色、灰色、深棕色的眼线液或眼线笔,建议跟头发及眉毛颜色相近。

画眼线时,建议用眼线笔贴着睫毛根部由内眼角向外眼角方向涂画,上眼线比下眼线要深一些。

画眼线示例

（3）睫毛膏。为了使睫毛向上翘立，可以用睫毛夹贴着睫毛的根部夹住睫毛卷压片刻，这样可以扩大眼睑的弧度，使眼睛更多地受到外界光线照射而显得更明亮有神。

涂睫毛膏时一定要认真仔细，切不可涂出脏兮兮的"苍蝇腿"。涂眼睛两角的睫毛时，可以使用睫毛膏刷的头部。

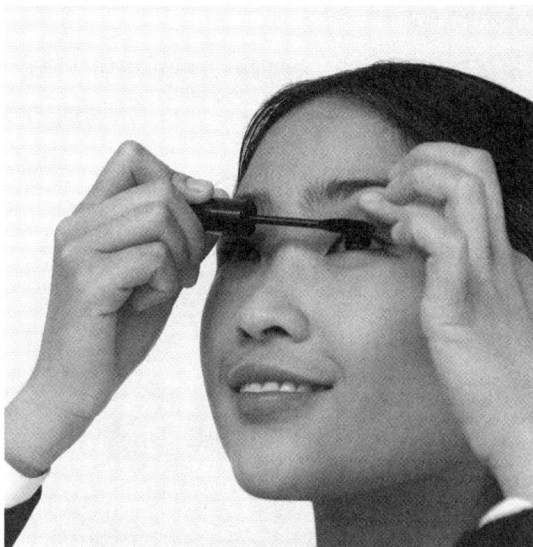

涂睫毛膏示例

8.腮红

面颊红润，会给人留下生气勃勃、精神焕发的印象。但并不是每个人都有红润的面颊，特别是化妆后，更容易显得脸色灰白，使用腮红可以弥补这一缺陷。

涂腮红的时候有一个小窍门，就是保持微笑，然后将腮红涂抹在脸部凸起的苹果肌部分。长脸型可以横着涂，圆脸型适合竖着涂。

涂腮红示例

9. 唇部

嘴唇是人身上表情最丰富的部位。较为理想的唇形应该是唇线清晰,下唇略厚于上唇,大小与脸型相宜;嘴角微微上扬,富于立体感。为了塑造理想的唇形,可以采用涂抹口红的方法。

涂抹口红时,需要选择适合自己肤色的口红色,也可以与自己当天衣服的颜色相搭配。还要注意在不同场合选择不同的口红色。

化妆后,要检查整体妆面,尽量使妆容看上去清新自然,少显露修饰痕迹。与此同时,要注意自己的妆容与衣着、发型是否相宜,与自己的年龄、身份、气质是否相称等。

对于不同岗位的职业女性而言,化妆的标准由工作要求来决定,而过度的化妆是不被认可的。

抹口红示例

(三)职场化妆礼仪规则

(1)在工作岗位上,建议化以淡妆为主的工作妆。化妆与化淡妆是并不完全重合的两个概念。化妆通常有晨妆、晚妆、工作妆、社交妆、舞会妆、少女妆、结婚妆等多种形式,不同妆容的浓淡程度及化妆品的选择使用都存在一定差异。要求职场人士在工作岗位上化淡妆,实则为限定在工作岗位上不仅要化妆,而且仅仅只能选择工作妆这一具体形式。这也是"淡妆上岗"的原因。

淡妆的具体特征为简约、淡雅、清丽,具有通透感,既要给人留下深刻印象,又不可以显得油腻。简而言之,就是要清淡又传神。

(2)在工作岗位上,切忌使用劣质芳香型化妆品。俗语有云:"过犹不及。"使用任何化妆品都不能过量。就芳香型化妆品,尤其是这一类型的代表——香水而言,更应注意这一点。化妆当与为人处世一样,要含蓄一些,才更有魅力与味道。

过量使用香水,可能会给人留下表现欲望过于强烈的印象,还有可能因此"摧残"他人的嗅觉,从而引起对方的反感或不快;过量使用香水,还有可能引起他人误解,因为过分香气逼人,会让人以为用香水浓郁的香气来遮掩自己身上不雅的体臭。

正确使用香水的位置有两种:

①离脉搏跳动较近的地方,如手腕、耳根、颈侧、膝部、踝部等处。

②既不会污损衣物,又易于扩散香气的衣物上的一些部位,如内衣、衣领、口袋、裙摆的内侧,以及西装上所用的插袋巾下侧。

(3)在工作岗位上,切忌当众化妆或补妆。尽管职场人士时间并不宽裕,且职场人士对自己的妆容应当认真对待、一丝不苟,但并非意味着职场人士可以随时随地为自己化妆或补妆。在工作岗位上当众这样做,显得很不庄重,并且使人觉得未能专心对待工作。

不是不允许职场人士在工作岗位上进行必要的化妆或补妆,只是不建议当众这样做。现在绝大多数单位一般都设有专门的化妆间,职场人士可以在化妆间进行化妆或补妆。

(4)在工作岗位上,切忌与他人探讨化妆问题。不允许在工作岗位上介绍自己的化妆心得,也不允许评价、讨论他人妆容的好与坏。每个人的审美观都不同,非议他人妆容是很不礼貌的行为。

(5)在工作岗位上,切忌妆面出现残缺。一旦觉察就需要去化妆间补妆。在会见客人、出席会议等公开露面活动之前,职场人士应提前去化妆间检查自己的妆容,及时补妆,让自己以最佳状态出现在公众面前。

第二节　头发保养

头发在人体最高的位置,很容易引起别人的注意。因此,要经常洗头,保证头发不粘连、不板结、无头屑、无汗臭气味。同时,头发的好与坏也能体现一个人的健康程度。从科学的角度看,真正健康的头发有四个特征:弹性、柔亮、结构紧密、乌黑。

一、头发护理

(一)头发发质

头发的发质共分为以下四类:

(1)中性发质。柔滑光亮,不油腻,也不干枯,特别好梳理,这是健康正常的头发,体现出人体的血液循环良好,油脂分泌正常。可能会有少量的头屑,建议每周洗头三到五次,并用温和含水量大的洗发产品来护理。

(2)干性发质。缺乏油脂分泌,头发表现为粗壮,没有弹性,暗淡无光,发根往往卷曲,发梢分裂或缠结成团,发丝易断裂、分叉和打结。日光暴晒、狂风久吹、空气干燥等均会增加头发上的油脂并使水分丧失,导致头发干燥受损。染烫受损发质也应属于干性发质,染烫过程都是在强碱条件下进行的,易切断头发二硫键,造成头发的一些结构被破坏,头发失去锁水能力。

(3)油性发质。头发表现为特别油腻,无弹性,疏松且不好定型。油脂分泌过多是由于食用过多的甜食及脂肪含量太高的食物而导致的。建议使用专门平衡油脂的洗发产品。不可用热水洗发，建议用温水洗发。每次洗发时，要使用能收紧头皮、控制油脂分泌的洗发露。

（4）混合型发质。头皮油但头发干，是靠近头皮1厘米以内的头发很油、越往发梢越干燥甚至出现分叉的混合状态。处于经期的女性及青春期的少年多为混合型发质，因体内激素水平不稳定，会出现多油和干燥并存的现象。此外，过度烫发或染发，又护理不当，同样会形成发丝干燥但头皮油腻的发质。

（二）日常护理

在头发的日常洗护保养中，我们应该做到以下几点：

（1）洗发前的梳理，这是很多人容易忽视的细节。适当的梳理能促进头部皮肤的血液循环，还能降低洗发时断发或脱发的概率，是保养头发的好方法。具体说来，就是用大齿梳子从头部皮肤梳到发梢，将头发理顺。

（2）确定水温。洗发时要留意调节水的温度，过烫的水会伤及发质，过冷的水则会难以除垢。适宜的水温应在40℃左右。

（3）冲洗分两次进行，需要彻底清洗，尽量确保无黏滑物。若未能彻底清洁头发，容易很快积聚新的污垢，使头发受损。

（4）梳理头发时动作要轻柔，同时，还要注意工具的选择。选择梳子的关键是梳齿须排列均匀、整齐，间隔宽窄合适；梳齿的尖端要钝圆，不能过于尖锐，以免损伤头皮。

梳理头发的动作不宜当众进行。因为难免会产生一些断发、头屑等，若随手乱丢，是不文明的行为。

二、发型修饰

头发的造型是仪容美的重要部分。良好的职业形象需要有庄重的发型。它既要整洁、漂亮，又不能过于前卫。发型的选择要符合自身的职业，并且要契合自身内在气质和风度，匹配自己的脸型、身材、发质、服饰，也要考虑交往对象。同时，作为职场人士，无论男女，染发需慎重考虑。相对于男性而言，女性发型多变。以下将结合男女发型修饰的特点，重点讲解女性发型修饰的要点。

（一）脸型与发型

1. 椭圆脸型与发型

椭圆脸型是一种比较理想的女士脸型，脸型的长宽比接近美学的黄金比。这种脸型具有很好的视觉基础，因而发型选择的范围也较广泛，长发型和短发型都可以与这种脸型协调。但应注意尽可能将面部露出来，不宜用头发将脸遮挡过多。

2. 圆脸型与发型

圆脸型往往会给人孩子气的感觉。对于职业女性而言，这样的脸型缺少明朗的结构和形式上的成熟，因此，在选择发型时可以增加发顶的高度，将脸型从视觉效果上拉长；可以将头发侧分，用不对称的发型来产生跳跃感，削弱圆脸产生的平板感觉。要避免面颊两侧的头发隆起，否则会使颧骨部位显得更宽。

3. 长脸型与发型

与椭圆形的脸型相比，长脸型下颌过宽，也称国字形脸，具有雄性风范的阳刚之气。可以用柔和的发型和线条来减弱刚毅的感觉。可以选择波浪式长发，这种丰满又蓬松的发型具有浓浓的女性味，卷曲的头发使下颌角显得圆润。前额不宜留整齐的刘海，也不宜梳成大光明而暴露整个额部，可以用不对称的刘海遮挡宽直的前额边缘线，同时增加纵长感。

4. 窄长脸型与发型

这种脸型"脸宽不足，脸长有余"，有时会觉得缺乏活泼生动感。可以用遮盖法从视觉上修饰脸长。可将头发梳成饱满柔和的形状，顶部应平伏，前发宜下垂，两侧头发应打理蓬松，这样可以使脸有较圆的感觉。总之，自然、蓬松的发型能给长脸人增加美感；优雅、可爱的发型可以缓解由于脸长而形成的严肃感；将头发烫成卷曲波浪式，可带来优雅的感觉。

头发是一个衬托面容的框架。发型的改变可以改变整个头部的外貌和造型。换而言之，发量的多少、发质的好坏、发色的深浅以及头发经过修饰后形成的状态与变化，会给脸型、面容、情绪和个性带来较大的影响。

（二）身材与发型

1. 身材瘦高者与发型

身材瘦高者适合留长发，这样可以增加发型的装饰性。建议不要盘高发髻，也不要将头发剪得很短，以免显得更加瘦长。

2. 身材矮小者与发型

身材矮小者适宜留短发或者盘发，发型以秀气、精致为主。不建议修剪得过于蓬松、粗犷，也不建议留长发，以免使身材显得更矮。

3. 身材较胖者与发型

身材较胖者宜剪运动式发型，给人以俏丽、健康的美感。不适宜留长波浪，头发两侧的蓬松会让人显得更胖。

（三）发质与发型

发质较软的人不宜留过长的直发，因为不容易定型，可选择中长发或俏丽的短发，也可以烫卷发，使头发具有蓬松感。

发质较硬的人不宜选择太短的发型，可以修剪成及肩或过肩的长发。

头发稀疏的人，不建议选择长发发型，因为这样做，会使头发看上去更少，可以选择有蓬松感和增加发量感的大波浪卷发。

头发稠密的人，如果发质较硬，可参考上述方法。如果发质适中，应该根据脸型、身材来考虑。但发量多的人，发型不宜做得太花，应尽可能简单一些，比如简单束发会使人看上去干脆利落。

（四）服饰与发型

服饰与相应的发型相搭配，才会显得适宜得体、优雅大方。例如，在正式场合，女性着职业套装,可以选择盘发,显得端庄、干练;着运动休闲装时,可将头发扎成马尾,显得青春、有活力、洒脱;着晚礼服时,梳与晚妆相搭配的发髻,可显得优雅、华丽。

对于职场女性而言,太长的头发是非职业化的表现,头发必须整洁,搭配适合女性的并且与脸型相称的发型。刘海必须保持在眉毛以上或梳到后面;须使用发胶或定型剂将头发整理好,不可出现碎发;保留头发的自然色为最佳;头发在耳垂和肩膀之间为短发,头发的长度触及肩部定义为长发;鬓角应该整洁且不超过耳垂;长发应该绑成发髻并固定在黑色简单的发网中;黑色的发网应该由精细的网孔组成,并且将长发绑成发髻时应使用黑色金属发夹;绑发髻时不可使用蝴蝶结和发带。

男士发型示例

对于职场男性的发式要求:男士的头发要干净整洁,长度要适宜,前发不及眉、侧发不遮耳、后发不及领;不能留长发以及大鬓角。在遵守职场男士发型规范要求的基础上,男士的发型也应该尽量能体现一个人的气质、修养和内涵。短发型可以展示年轻人朝气蓬勃的精神风貌;长脸型的男士不宜留太短的头发;下巴较方的人可以留蓬松卷发;瘦高的人可以留长一点的头发;矮胖瘦小的人头发不宜过长。

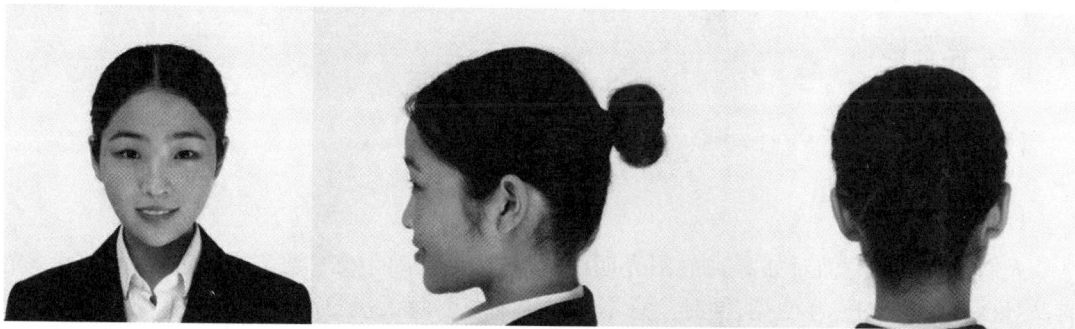

女士发型示例

要想保持发型的美感,需要定期修剪头发。在正常情况下,通常应每半个月修剪一次头发。至少,也应每月修剪一次头发。

第三节　仪容修饰

仪容礼仪是指人的身体尤其是面容修饰，以及美容美发、个人卫生状态，是为维系社会正常生活而要求人们共同遵守的最起码的道德规范。

一、仪容礼仪要求

（一）仪容自然美

仪容自然美是指仪容的先天条件好。虽说以貌取人显得片面，但先天遗传的端正容貌的确会使人觉得赏心悦目，心生愉悦。

（二）仪容修饰美

仪容修饰美是指根据礼仪规则以及个人客观条件，对仪容进行必要的修饰，尽可能做到扬长避短，设计、塑造出良好的个人形象，在人际交往中提升自己的个人魅力和综合实力，从而实现有效交际和沟通。

（三）仪容内在美

仪容内在美是指通过认真学习，不断提高个人的文化、艺术修养以及思想、道德水准，培养出自身高雅的气质和纯净的心灵，使自己表里如一，真正提升人格魅力。

二、仪容修饰

（一）头部要求

1.面部

人们总是更愿意面对如春天般阳光明媚的脸。对面部的整体要求是一定要显得润泽光洁，尽量保持肌肤的光泽明亮，同时注意不可过于油腻。每天应早晚各洗一次脸，尽量做好肌肤的保养，避免脸部出现粉刺、痤疮、色斑等问题。

眉毛要整齐有型，不杂乱。必要时，要进行修眉。修眉是一门技术活，既要掌握操作技术，又必须认真仔细，才能修出适合自身的眉形，也可辅助眉笔、眉刷等工具。

眼睛是心灵的窗户。为了使眼睛变得明亮清澈，应尽量保持充足的睡眠；避免长时间盯视电子屏幕，以减少眼睛红血丝的出现；眼睑不要肿胀，不要有黑眼圈。眼睛的清洁主要是指及时清除眼部分泌物。另外，如戴眼镜，应随时对其进行清洗，保持镜面的干净。佩戴的眼镜必须是简单无色的镜片，镜框必须是简单的款式，黑色的或金属的。如果戴隐形眼镜，必须是无色的，其目的是增强视力而非追求时尚。

鼻翼往往是清洁的死角，常常在清洁面部时被忽略。鼻翼一定要清洗干净，避免鼻头布满黑头,也就是俗称的草莓鼻。应注意保持鼻腔的清洁,不要让异物堵塞鼻孔,或是有鼻涕。不可当众挖鼻孔、擤鼻涕。如果鼻毛过长外露,应及时修剪。

嘴唇干裂、唇边有异物、口红残缺等同样会使我们的形象大打折扣,所以应保持唇部干净、湿润。可定期使用润唇膏对唇部进行保养。

嘴唇保养示例

牙齿清洁,无肉、菜等食物残留,口腔无异味,是对口腔的基本要求。要养成每天起床后及就寝前刷牙的良好生活习惯。与他人会面,尤其是重要会晤前,切忌食用大蒜、洋葱、韭菜等气味浓烈的食物。当众剔牙或当面打喷嚏皆为不雅行为。

职业男性还应每天刮须,胡子拉碴的邋遢形象会被认定为做事不讲究、不靠谱。

2. 耳部

耳部是很多人洗脸时最容易忽视的地方。有些人洗脸时会忽略耳朵和耳后,特别是忘记清洗耳洞。实际上,耳朵内外易藏污纳垢。试想一下,如果跟别人侧耳谈话时,看见对方耳朵部位没有清洗干净,尤其是耳洞有异物,会产生何种感觉?所以,每天洗脸时,应认真清洗耳朵前后,并可将毛巾拧出一个小尖,轻轻在耳孔内转动,好好清理耳朵,不给自己的形象留下死角,不让别人产生不适感。

(二)四肢要求

1. 双手

与脸相比,双手清洗的频率更高一些。用餐或接触精密仪器之前,要洗手;拿过脏东西、去过洗手间、在公共场所活动之后,都要洗手。职场女性在洗手后,都要涂抹护手霜,职场男性也应尽量养护好双手,保持手部的干净。

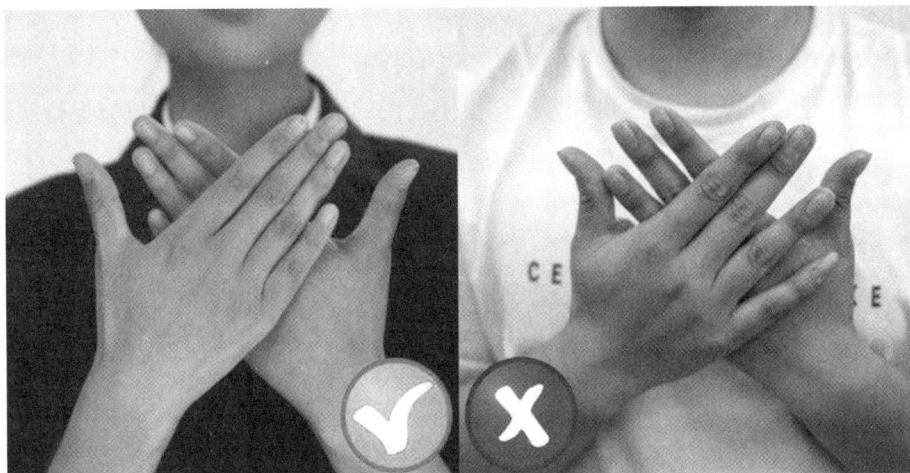

手部对比示意图

2. 指甲

除一些特殊行业外，一般人最好不要留长指甲。指甲要定期修剪，最好每周一次。指甲的长度不要超过指尖的1.5 mm。指甲缝内不可藏污纳垢，否则有碍观瞻，写字、操作电脑或做其他事情时也不太方便。

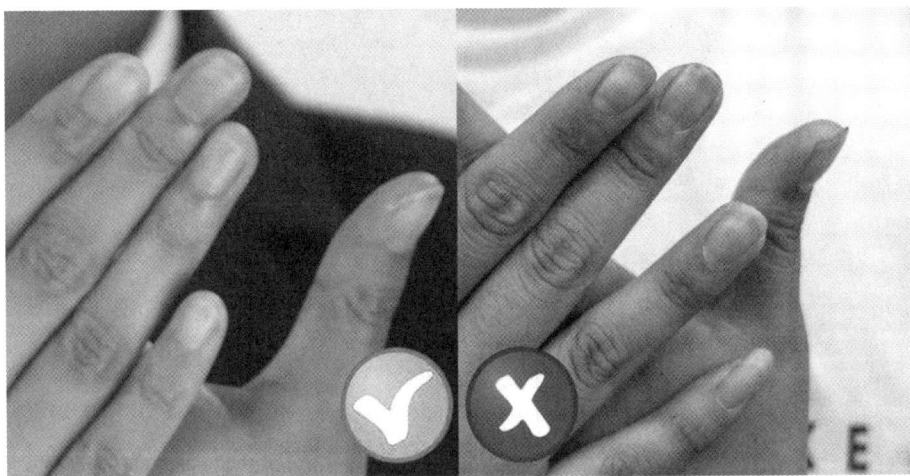

指甲对比示意图

除特殊行业，一般人不宜涂指甲油。作为职场人士，如果指甲确实暗淡无光，可以轻轻涂一层无色指甲油来增加手的整体美感。

3. 毛发

腋毛外露是很不雅观的行为。职场女性在正式场合建议不穿无袖装，以免露出腋毛。如果在非常炎热的夏季，或者在一些特定场合，比如晚宴、酒会等场合，需要穿礼服时，一定要剔除腋毛。如果女士胳膊上的毛发过重，穿短袖装前也应进行脱毛处理。

4. 腿脚

在正式社交场合，无论男女，都不可裸露腿脚。

男士腿部的汗毛一般都较重，如果穿短裤或卷起裤腿，会给人造成"飞毛腿"的观感，是非常不雅的行为,因而职场男士在社交场所、职业场所不能穿短裤、卷裤腿。

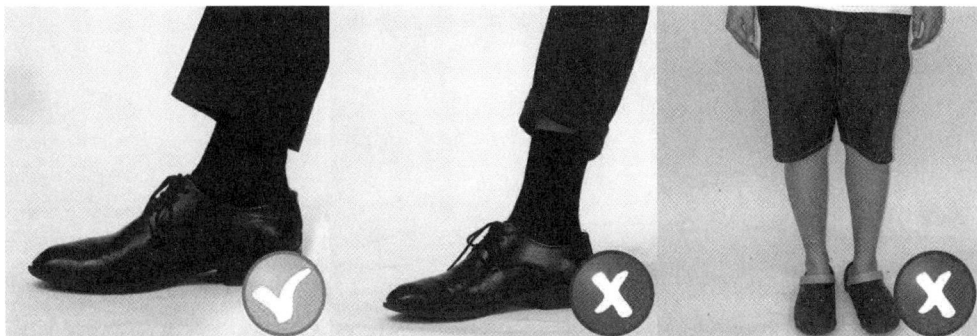

男士脚部对比示例

职场女士在正式场合可以穿长裤或职业裙装,但不能穿短裤或暴露大部分大腿的超短裙,否则与职业形象不符合。穿裙装或裤装时,应穿长筒丝袜,裸露腿部和双脚是不雅的行为。

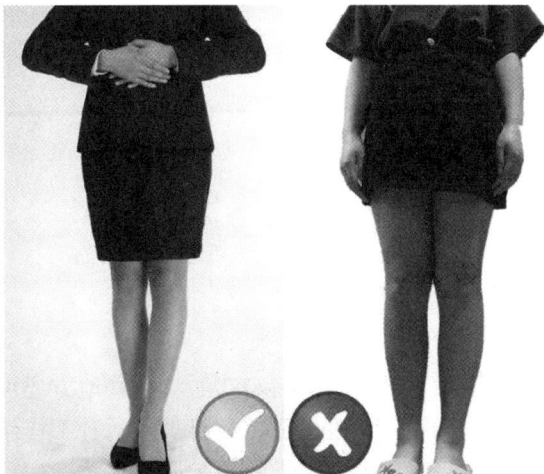

女士脚部对比示例

(三)体味要求

人体出汗时,头部、鼻翼、腋下、膝关节、背部、脚部等处的汗腺都会产生难闻的气味。特别是在夏季气温较高时,若不勤洗澡,很容易造成体味恶化,严重时会让周围的人无法忍受,所以建议每天最好早晚洗一次澡,必要时还要使用一些清香型的沐浴用品。另外,肉类吃得比较多的人,因体质呈酸性,导致体液逐渐酸化,在汗腺发达的地方,比方说腋下,更易散发出异味。

因此,在运动后应及时洗浴,不能汗津津地参与社交活动。除非特殊情况,出门一定要穿袜子,男士尽量穿纯棉袜子,不可穿尼龙袜或丝袜。当然,也可以使用一些去除异味的产品,比如香水、防腋臭香水、防出汗的走珠香体露等,建议选择味道不要过于浓郁的香水,人们往往会认为散发着浓香的人是浅薄与粗俗的。实际上,香味淡一些,似有若无,更美妙、迷人。

综合案例

赵林的口头表达能力不错,人既朴实又勤快,在业务人员中学历也高,领导对他很重视。然而,他做了半年多销售代表,业绩却总是没有得到提升,问题到底出在哪儿呢? 原来,赵林是个不修边幅之人,喜欢留长指甲,指甲缝里总是有很多污垢。白色衬衫的衣领经常有一圈黑色的痕迹,而且,他喜欢吃大葱、大蒜之类有刺激性气味的食物。

案例思考题：

1. 赵林违反了什么礼仪规范?

2. 作为职场男士,赵林应该怎么做?

本章小结

本章主要介绍了皮肤保养、化妆修饰技巧,头发保养、发型修饰原则,以及仪容礼仪规范等。通过本章的学习,可以使我们认识到:在不同的社交场合,适当修饰自己的仪容,既是自尊自爱的表现,也充分体现了对交往对象的尊重。

复习与思考

一、简答题

1. 化妆的步骤有哪些?

2. 职场礼仪规则是什么?

3. 发型修饰的注意事项有哪些?

4. 仪容修饰中对面部的要求有哪些?

5. 仪容修饰中对四肢的要求有哪些?

二、思考与实训

1. 根据仪容整体要求,参照自己在镜子中的仪容,看看哪些地方还可以改进。

2. 判断自己的发质,选择适合的发型,并能够自行打理出适合工作岗位的造型。

3. 了解自己的肤质,选择适合自己的化妆品,练习护肤和化妆。

第三章
个人形象塑造之仪表礼仪

通过本章的学习,应达到以下目标:

◆**知识目标**

1. 了解服装穿着的原则以及服饰搭配的整体性原则;

2. 掌握服装搭配的技巧;

3. 掌握着装礼仪。

◆**能力目标**

1. 学会根据自己的肤色、脸型、体型和气质风格选择服装;

2. 能够进行各种场合的服饰搭配。

◆**思政目标**

1. 通过对服装穿着原则及服饰搭配技巧的学习,获得良好的审美经验、审美情趣、审美感受、审美创新能力,推动学生内化于心、外化于行的全面发展;

2. 通过对着装礼仪的学习,掌握相关专业技能,培养了学生职业素养,同时帮助学生树立正确的审美观,积极弘扬中华美育精神和传承中华优秀民族文化,进而提升文化自信。

习近平总书记在党的二十大报告中指出:"必须坚持在发展中保障和改善民生,鼓励共同奋斗创造美好生活,不断实现人民对美好生活的向往。"审美意识是社会对于美好生活的感性追求,群体审美意识进一步以理性需求的方式驱动着社会发展方向。因此,正确的审美意识是正确的价值观的重要组成部分,直接影响学生对自身未来发展的规划。

莎士比亚曾说:"一个人的穿着打扮就是他教养、品味、地位的最真实的写照。"假如说,容貌的美与丑、身材的高与矮是先天决定的,那么服饰搭配可以很好地扬长避短,更好地展示个人的气质风度。美好的长相、匀称挺拔的仪态、美观大方的服饰都能增添人的魅力,给他人以舒服、愉悦的感觉,也更易赢得他人的信任和尊重。

服饰运用得当,可以成为最有效的沟通工具之一,也是最便捷的人际交往"名片"。不同的着装可能会导致我们受到不同的待遇。一位着装得体的人往往能够得到更多的尊重和善待,获得更多的机会,从而更易于获得成功。

本章的仪表礼仪着重探讨服饰搭配的礼仪与技巧。

第一节　着装原则

服饰是一种文化，它展现了人们的文化修养、审美情趣、身份地位、涵养气度等。选择与自己个性、身份、场合、年龄等都相适宜的服饰，可以展示个体内心对美的追求，增进个体仪表、气质，同时为自己、为组织塑造良好的公众形象。

一、服饰穿着原则

(一) 整洁原则

整洁原则是指整齐干净的原则。这是服饰打扮的最基本的原则。一个穿着整洁的人总能给人以朝气蓬勃的感觉，同时也传达出对交往对象的尊重以及对社交活动的重视。整洁原则并非指时尚和高档，只需保持服饰的干净合体、整齐有致即可。

(二) 个性原则

个性原则是指社交场合树立个人形象的要求。不同的人由于年龄、性格、职业、教育背景等方面的差异，而形成各自不同的气质。我们在进行服饰打扮时，不但要符合个人的气质，还要凸显自身的优势。因此，每个人必须深入了解自我、正确认识自我，选择适合自己的服饰，唯有如此，方能通过服饰展示自我风采。要想打扮得富有个人特色，需注意不能盲目追赶潮流，因为最时髦的往往是不能持久流行的东西；还需注意不能盲目模仿别人，而导致失去个人特点。

(三) 和谐原则

和谐原则是指协调得体的原则。选择的服装不仅要跟自身体型相协调，还需跟着装者的年龄、肤色相匹配。服饰是一种艺术，能从一定程度上掩盖体型的某些不足。我们可以借助于服饰，营造出一种良好身材的感觉。无论是高矮胖瘦、年轻或年长，只需根据自身的特点，认真选择适合自己的服饰，总能展示出服饰的神韵。

(四) TPO-R 原则

TPO-R 分别代表时间(Time)、地点(Place)、场合(Occasion)和角色(Role)。一件被认为漂亮的、时尚的服饰不一定适合所有的时间、地点、场合和角色。所以，我们在着装时要考虑到这四个方面的因素。

1. 着装的时间原则

不同时间段对着装有着不同的要求。此处所说的时间涉及年龄的大小、时代的变迁，也包括每年的春、夏、秋、冬四个季节，同时还涵盖了每天的早、中、晚三个时间段。

不同年龄段的人应该穿着符合自己年龄特点的服饰。有人为了使自己看上去年轻,很大年龄却穿着非常孩子气的服装,而有人为了显得成熟,年纪轻轻却穿得很老成,此类着装行为都违背了人们的习惯性审美,让人觉得不协调,也无美感。因此,年轻人应该穿得活泼、靓丽一些,这样可以充分体现出青年人蓬勃的朝气;而中老年人的着装需要稳重、典雅、整洁,体现出成熟和庄重。

不同时代的人应该穿着不同时代的服装。服饰的发展变化非常快,现在流行的样式可能过几年就过时落伍了,到时候如果再在正式场合穿出来,会显得与其他人格格不入,甚至会被认为不太正常。比如20世纪60年代盛行黄色军装,70年代流行军绿色棉布套装,80年代流行喇叭裤和蝙蝠衫,如果现在将这些衣服穿在正式场合,会显得不合时宜,让别人"刮目相看"。

不同季节也应该穿符合当季冷暖程度的服饰。如果在南方炎热的夏季,看到一位头戴毛皮帽子、身穿棉衣、围着围巾的人,别人很难认为他是正常人;而如果在寒冷的北方冬季,看到下半身只穿薄丝袜的人,同样会让人觉得非常怪异。

在一天的不同时间段,着装也该有所不同。比如说白天上班应该穿得端庄、稳重,晚上参加派对,可以穿得时尚美丽;如果白天跟晚上有温差,那么也应该相应增减衣物。

2. 着装的地点原则

这里的地点主要是指地区以及环境。它意味着处于不同的地区和环境之中需要与之相适应的服饰打扮,在不同地点搭配不同着装。服装已经超越了实用性的最低原则,成为一种文化符号。

由于不同国家、地区的自然条件、开放程度、文化背景、风俗习惯各有差异,人们的着装也不同。因此,应做到因地制宜,即使是在同一个地区,在不同场合、不同环境,穿着也应有所不同。

在美国,很多女生在夏天可以穿吊带裙、超短裙、短裤背心,但如果这种装束出现在伊斯兰教清真寺或者阿拉伯国家,就是对当地人的极大不尊重;出现在校园、医院等严肃的场合,就会显得不合时宜。

此外,在不同的环境,着装标准也不相同,要做到"随机应变"。例如,穿泳衣出现在泳池、海滨很正常,但如果穿着泳衣出现在办公室或者穿着它去逛街,就令人不可思议了;睡衣等家居服在家穿着会让人觉得放松,但如果穿着睡衣满大街溜达,就是不自尊、不敬人的表现;如果一位职业女性穿着黑色蕾丝上衣、超短裙出现在办公区域,会让人怀疑她的专业精神和业务水平,同时,还有可能遭遇异性骚扰,但此类着装出现在舞会上,也未尝不可。

3. 着装的场合原则

着装的场合原则是指人们的服饰要与特定的场合和气氛相协调,即着装应该跟当时、当地的气氛相融洽,实现人景交融的最佳效果。以下为不同场合的着装原则。

第一,上班装。上班装是从事公务活动时的着装,要求既正式又保守。工作场合的着装要整洁、大方,不能过于引人注目,特别是不能过于暴露。上班时,还要避免穿需要经常整理的衣服。在商务交往中,如果一个人不断地整理身上的衣服或饰物,不仅会使自己分神,也会让对方感到不适。

第二,社交装。社交装是在公共场合人与人相处时的着装,要求兼具稳重感和时尚度。比如参加宴会、学术讲座、大型会议、派对等社交性的活动时,应着得体的社交装。喜庆场合是女性展示各类时装的时机,按照季节和活动性质的不同,既可着西服(下身配套裤或套裙),也可着民族服装,又可以穿中式上衣配长裙或长裤,还可以穿旗袍或连衣裙等。女性除了穿各类服装外,还可以佩戴各种配饰加以修饰。对于男士而言,除了可以穿西服之外,还可以根据活动的层次和级别,穿 T 恤衫、夹克衫等各种服装,呼应活动主题。

第三,休闲装。这是在非正式场合的服装。休闲装一般可以在以下场合穿着:在家休息、上街购物、健身锻炼、观光旅行等。现在市面上流行的休闲装主要是宽松、舒适、得体的服装。休闲装还包括运动装、牛仔装、沙滩装等。穿上此类衣服后更易于身体的放松和活动。

4.着装的角色原则

着装的角色原则是指身份原则,即着装要符合不同身份转变的需要。人们的着装往往体现着其一定的交往意愿,即自己对着装留给他人的印象如何,是有一定预期的。如果想让对方看出你的职业精神和专业素养,一定要穿与自己职业非常相符的服装,如汽车销售员一般着西装、正装来显示汽车的品牌,而汽车修理工应穿能灵活操作的工作服。

服饰的 TPO-R 原则的各要素是相互贯通、相辅相成的。人们在社交活动与工作中,总是会处于某一特定的时间、场合和地点中,所以在着装时,应该考虑一下,穿什么、怎么穿。这是我们踏入社会并取得成功的一个良好开端。

二、服饰搭配的整体性原则

(一)面料的一致性

不同面料的厚度、触感、质感、弹性是不同的,所以为了使服装看起来更和谐美观,在服装搭配时一定要考虑上装与下装面料的协调一致。如果将两种完全不同的面料一起穿在身上,会显得不太美观。

举例来说,貂皮、毛呢和桑蚕丝同属于高档服装面料,试想一下,上身穿貂皮大衣或厚毛呢外套,下身穿桑蚕丝裙子或裤子,会导致整个人从视觉效果上失去平衡和协调,造成"头重脚轻根底浅"的感觉。反过来,如果上身穿桑蚕丝上衣,下身穿毛呢裤,也会显得过于"稳重"。

(二)风格的一致性

按照服装的风格分类,服装可以有通勤风格、OL/商务风格、英伦风格、民族风格、波希米亚风格、洛丽塔风格、田园风格、运动风格、嘻哈风格、朋克风格等。不同的风格,有的具有历史渊源,有的具有文化渊源,有的具有地域渊源,以适应不同的穿着场所、不同的穿着群体、不同的穿着方式,展示不同的个性魅力和个人形象。

我们每个人都应该对服装风格有一定的了解,如果不懂得服装搭配的一致性,会有损个人形象,减少个人魅力,非但穿不出服装该有的品味,还可能贻笑大方。如果有人上身穿正装西装,下身搭配飘逸的波希米亚长裙,会给人不伦不类的感觉;如果上身穿一件泡泡袖一字领带蕾丝花边的淑女上衣,下身穿一条嘻哈风格的吊裆裤,也会失去衣服原本所应展现的气质。在现实生活中,我们会发现有很多诸如此类的"乱搭",让原本美好的服装失去应有的表现力。

（三）颜色的呼应性

服装色彩的搭配不但需要对于单独颜色的理解和认识,还需要考虑到服装穿着的主体、周围环境等因素,这样才能产生与环境相协调的色彩美。一般而言,服装的总体颜色不宜超过三种,其中主色调颜色不少于 50%,颜色之间要相互呼应、整体协调,才能展示出大方、得体、美观的效果。

颜色的呼应包括上装与下装及鞋子之间的呼应、内搭与外套之间的呼应、配饰与服装主体之间的呼应等;要注重色彩的调和、色彩的关联性以及色彩的基调与点缀。

实际上,我们可能会穿由很多颜色构成的有图案的花色服装,比如说女士的连衣裙。如果是上衣、裤子或半身裙,需要注意,不能上下都穿花色。如果上身穿花上衣,那么裤子或裙子可以搭配上衣中比较显眼的主色调;如果裤子、裙子是花色的,上衣外套一定要穿花色中比较显眼的主色调。如果不知道如何搭配,那么黑色、白色、灰色作为基础色可以搭配任何花色的衣服。如果想要展示清纯、活泼、高级感,建议搭配白色;如果想要展示温柔、文雅、恬静感,建议搭配灰色;如果想要体现严肃、庄重、沉静感,建议搭配黑色。

内搭和外套、饰物与服装的色彩呼应搭配与此类似。

（四）体型与服饰的和谐度

健美、匀称的体型,给人以美感,同时,与健康有着密切的关系。构成人体美的必要条件,首先是身高与体重要相称,其次是人体各部分如腰、胸、髋部的肌肉发育也要均匀适宜。综合我国人口的健美标准,对两性有不同的体型标准。

女性的标准体型是:骨骼匀称、适度。具体标准为:站立时头颈、躯干和脚的纵轴在同一垂直线上。肩稍宽,以肚脐为界,下半身与上半身的比例符合"黄金分割"1.68∶1 的比例。如果身高是 160 厘米,则较为理想的体重是 50~55 千克,肩宽是 36~38 厘米,胸围是 84~86 厘米,腰围是 60~62 厘米,臀围是 86~88 厘米。

男性的标准体型应该基本遵循两臂侧平举等于身高的原则,若身高是 167~170 厘米,那么其较为理想的体重是 68~70 千克,胸围是 95~98 厘米,腰围是 75~78 厘米。

在现实生活中,并非每个人的体型都能达到标准体型的要求,人们或多或少都存在一些形体上的不完美或欠缺。因此,我们应该根据自己的体型挑选合适的服装,扬长避短,让体型与服饰和谐统一。

第一是上长下短法。上长下短是近几年最流行的款式搭配法则。对于梨形身材的人而言,上衣下摆能盖过臀部。这种款式的优点在于能够修饰臀部过大的问题,遮掩缺点。

第二是上短下长法。这种穿法可以突出下身的修长,从视觉上有拉长腿部的效果,特别是对于身材上长下短的人而言这样的搭配能够起到一定的修饰作用。

第三是上下等长法。这是很少人会用到的搭配方法,因为这种方法过于均衡,毫无亮点,让人不知道想要突出什么。如果再加上一条腰带的话,很容易让旁观者看成拦腰折断的效果。这种搭配方法建议慎用。

第二节　服饰搭配技巧

一、服饰色彩搭配

从视觉效果来看,服装的色彩有魔法般的作用,巧妙合理地运用色彩会令人魅力四射。每个人都有自己的色彩偏好,然而,自己最喜欢的颜色不见得就最适合自己穿着。了解服饰色彩搭配的技巧,掌握着装搭配的原则,搭配出符合自身特点的服饰后,会发现自己由内而外都生出一种焕然一新的感觉,自信心就会上升,从而获得好的效果。

(一)常用色彩及其效果

服饰的色彩往往是最先引起他人的注意,然后才是服饰的造型、面料等因素。不同的色彩会产生不同的表现效果,代表着不同的象征意义。

(1)红色,是最能引起人们的注意力和快乐情感的颜色。它能带来积极、热烈、温暖、活泼、奔放、热诚、朝气、喜庆、福禄、爱情等正面的心理感觉。同时,它也可能带来警告、禁止、危险、着火、流血、侵略、残忍、骚动等负面心理感觉。

(2)黄色,是一种过渡色,对人的感官刺激作用也十分强烈。它有着诸如明亮、活泼、阳光、喜悦、希望、庄严、明丽、高贵、权威等心理感觉。在中国几千年的历史中,黄色曾一直是权力的象征,尤其是皇权的象征。但黄色也会带来警告、嫉妒、挑衅等负面的心理感觉。

(3)蓝色,是一种比较柔和、宁静的色彩。蓝色象征着沉稳、睿智、准确、秩序、忠诚、平稳、深邃等正面的心理感觉,也可能象征着忧郁、疏远、压抑、寒冷、无情等负面的心理感觉。

(4)绿色,是一种清爽、平和的色彩。它能使人想到清爽、理想、希望、和平、青春、朝气、有活力、和谐、诚实、富足等正面的心理感觉,但也会带来贪婪、猜忌、厌恶、剧毒、腐蚀等负面的心理感觉。

(5)紫色,是一种富有想象力的颜色,被称之为浪漫之色。它有着细腻、高贵、庄重、优越、神秘、浪漫、高雅等正面的心理感觉。同时,也可能带来傲慢、偏见等负面的心理感觉。

(6)褐色,是一种搭配色,可以与很多颜色搭配。它象征着谦和、平静、沉稳、亲切、古典、优雅,也有着平庸、陈旧、无个性等负面的表达效果。

(7)白色,是一种纯净、祥和、朴实的色彩。它是纯洁、善良、无私、信任、高级、坦荡、科技等的象征,但也能带来寒冷、平淡、严峻等不好的心理感觉。

(8)黑色,是一种庄严、肃穆的色彩。它能使人产生权威、高贵、稳重、庄严、执着、高雅等感觉,也能产生压抑、忧郁、沉重等负面的心理感觉。

(9)灰色,是一种中间色。它象征着中立、柔和、高雅、和气、沉稳、考究之感,但也会带来沉闷、呆板、僵硬之感。

(二)服饰色彩搭配技巧

现实生活中,我们穿着服装时不可能只穿单一的颜色。我们可以巧妙地利用颜色进行搭配,创造出更好的效果。

1. 同类法

同类法配色是一种常用的配色方法,它要求将色调近似、深浅浓淡不同的颜色组合在一起,比如绿色与浅绿搭配、红色与深红搭配等。这种同类颜色的服饰搭配在一起,往往给人比较协调的感觉。此种搭配方法适用于工作场合或庄重的社交场合的着装配色。

2. 衬托法

衬托法配色的特点是服饰搭配上以其中一种颜色衬托另外一种或两种颜色,各种颜色不失各自的特点,相映生辉。这种方法主要适用于工作场合的着装配色。

3. 对比法

对比法,即在配色时运用冷暖、深浅、明暗两种特性相反的色彩进行组合的方法。它可以使着装在色彩上产生强烈反差,静中有动,突出个性。此方法适用于各种场合的着装配色。

4. 呼应法

呼应法配色的特点是,在某些相关的部位可以采用同一种色彩,以便使其遥相呼应,产生美感。比如,穿西装的男士会使用同色的鞋与包,即为此法的运用。它适用于各类场合的着装配色。

5. 时尚法

运用时尚法配色时应酌情选用时下正在流行的某种色彩。它多用于普通的社交场合与休闲场合的着装配色。

一般而言,黑、白、灰是配色中的安全色,它们最容易与其他颜色搭配,并取得良好的效果。

(三) 色彩搭配的注意事项

因为不同的色彩会给人带来不同的观感,所以,在选择服饰色彩的时候,不仅要考虑色彩与色彩之间的搭配,还要考虑与着装者的职业、性格、肤色、体型、年龄等相符合。

1. 服装色彩与职业

各行各业都有自己的着装要求,比如,法官的服饰色彩一般都是黑色,以显示出庄重、威严之感;商务场合最常见的搭配色彩为深蓝色、深灰色和黑色套装搭配白色衬衫,这样的色彩搭配能够产生更多的权威感,提高着装者的可信度。

2. 服装色彩与性格

不同的色彩体现出不同的性格,只有选择与自身性格相符的服装色彩,才会给人带来舒服和愉悦。性格内向之人,一般建议选择较为沉着稳重的颜色,例如,青、灰、蓝、黑等;性格外向之人,一般可以选择暖色或色彩纯度较高的服装颜色,比如,红、橙、黄等。

3. 服装色彩与肤色

肤色会对服饰配套的效果产生影响,也会对服装及饰物的色彩产生影响。反过来讲,服饰色彩同样会对人的肤色产生影响,从而使肤色在视觉上发生变化。通常认为:

(1) 肤色发黄或略黑、皮肤粗糙的人,应该慎重选择服装色彩。服装色彩的调子过深,会加深肤色偏暗的感觉,容易导致整个人看起来毫无生气;反之,亦不宜使用调子过浅的服装色彩,色泽过浅,会反衬出肤色的黄、黝黑,同样会令人显得黯淡无光。这种肤色的人建议可以选择与肤色对比不强的粉色系、蓝绿色,忌讳使用色泽明亮的黄、橙、蓝、紫或色调极暗的褐色、黑紫、黑色等。

（2）肤色略带灰黄,不建议选用米黄色、土黄色、灰色的服装色彩,不然会显得萎靡不振和无精打采。

（3）肤色发红,应该选择稍冷或浅色的服装色彩,但不建议选择浅绿色和蓝绿色,因为这种强烈的色彩对比会显得肤色发紫,导致整个人看上去不健康。

4. 服装色彩与体型

不同的色彩给人不同的观感,而人的体型有高、矮、胖、瘦之分,不同体型的人着装的色彩也该有所区分。

高大的人,在服装选择与搭配上,需要注意色彩选择深色、单色较好,过亮、过淡、过多的色彩都会给人一种扩张感,从视觉效果来说,会使着装者看上去显得更高、更大。

较矮的人,服装色彩以稍淡、明快、柔和一些为好,上下色彩应该搭配一致,可以营造修长的感觉。

较胖的人,在色彩的选择上,建议以冷色调为宜,过于浓烈的色调会显得更胖。

偏瘦的人,建议选择明亮、柔和的色彩,过深或过暗的色彩反而显得更加瘦弱。

5. 服装色彩与年龄

不论男女老少,每个人都有追求美的权利。不管处于哪个年龄段,我们在穿衣打扮时都需要注意,不同年龄段有不同年龄段的着装要求。年轻人的穿着可以活泼、鲜艳和随意一些,这样可以充分体现青年人朝气蓬勃的青春美;而中老年人的着装应该庄重、雅致、含蓄,体现出这个年龄段应有的成熟和稳重。只要着装色彩与年龄相协调,都可以显示出独特的韵味。

二、脸型与服装款式搭配

不同的人有不同的脸型,不同的脸型应该选择不同的服饰款式,做到因人而异,这样才能穿出好的效果,做到衣为人用。

1. 圆脸

圆脸型的人面部特征为额骨、颧骨、两颊和下巴的曲线与连接线都非常柔和,呈弧面形,一般面部肌肉丰满,脂肪层较厚,脸的长度与宽度的比例小于4∶3,脸显得圆润、饱满。因而,圆脸的人应该选择可以增加长度感、减少圆的感觉的服饰,以 V 字的领口最为合适,也可以穿翻领的衣服,饰品可以选择耳坠或者小耳环。圆脸的人不建议穿圆领或高领的马球衫或者带有帽子的上衣,不适合戴既大又圆的耳环。

2. 方脸

方脸型的人脸型宽大,额角和下巴两边较宽,具有很强的线条感,面部两侧轮廓垂直向下,与下颌轮廓线几乎呈直角相交。这会使面部下方显得宽而阔,颧骨、下颌的宽度几乎等同,使整张脸显得方正。方脸的人建议穿 V 领、U 领的服装,这类服饰能给人以柔和的感觉;西装领也适合方脸;但是此种类型的脸不适合方形、小领形的衣服。

3. 长脸

长脸型的人脸型瘦长,额头、颧骨、下颌的宽度几近相同,脸的长度与宽度的比例大于

4∶3,两侧较窄,具体表现为上庭、下庭较宽,中庭较窄的状态。此种脸型的人适宜穿圆领口的衣服,也可以穿高领口衣服、马球衫或者连帽衫;不建议穿与脸型相近的领口衣服,如设计成 V 领和 U 领的衣服,也不适合戴长的下垂的耳环或者长项链。

4. 瓜子脸

瓜子脸上部略圆,下部略尖,形似瓜子。在众多脸型中,瓜子脸是最符合中国人审美的一种脸型,理想瓜子脸的长宽比例为 34∶21,这一比例正好符合黄金分割定律。瓜子脸属于完美脸型,适合任何款式的服饰,当然,一些线条、色彩的服装更能凸显出气质。

5. 鹅蛋脸

鹅蛋脸线条弧度流畅,整体轮廓均匀;额头宽窄适中,与下半部平衡均匀;中部颧骨最宽,下巴呈圆弧形。鹅蛋脸是符合"三庭五眼"的标准脸型,也是完美脸型,适合任何款式的服饰,穿 V 字领的衣服会让面部看上去更柔和一些。

三、场合与服饰搭配

在前面章节我们跟大家分享过着装原则,服饰打扮应该与社交活动的场合相搭配,这不仅仅是为了美观大方,也是自尊和敬人的外在体现。比如,一公司招聘文秘人员,由于待遇优厚,求职者众多。中文系毕业的谭同学前往应聘,她的学习背景可能是所有人里面最棒的:大学四年在各类期刊上发表了 3 万余字的作品,内容有小说、诗歌、散文、评论、政论等,还为好几家公司策划过周年庆典,能讲一口极为流利的英语,书法也堪称佳作。面试时,招聘者拿着她的相关材料等她进来。谭同学穿着短裙,上身是露脐装,涂着鲜红的唇膏,欢快地走到一位考官面前,不请自坐,随后跷起二郎腿,笑眯眯地等着问话。孰料,三位招聘者互相交换了一下眼色,主考官说:"谭小姐,请回去等通知吧。"她应声回答"好!",起身挎包飞跑出门。最终,她也没等来录用结果。谭同学的经历告诉我们,身处相应的场合应该选择恰当的服饰。

一般在工作和生活中的主要交际场合有正式场合、半正式场合、休闲场合、社交场合、运动场合和家居场合等。根据场合对应的一般着装规律,我们一起了解在不同的场合应穿戴怎样的服饰:

1. 正式场合

职场人员的正式场合是指商务谈判、重要的会议、求职面试等正规、严肃的场合。对于着装的基本要求是庄重保守。此类场合建议男士着西服套装,颜色最好为深蓝色和深灰色;女士着职业套装或套裙,而套裙又比套裤更正式,衣服颜色为深蓝色或深灰色,搭配白衬衫为宜。

2. 半正式场合

职场人员的半正式场合是指无重大活动、无重要事务的商务场合,也就是普通职场。在这种情况下,对于职场人士的着装要求是庄重保守。在半正式场合,男士不用系领带,可以选择不太正式的西服上衣,如亲切感较强的咖啡色西服,或其他权威感较弱的明快的颜色。搭配休闲裤,可以穿有色或有图案的衬衫或 T 恤;女士可以穿休闲西装,搭配连衣裙、针织衫、短裙、衬衫,也可以穿西裤、西装裙搭配普通衬衫、毛衫等。

3. 休闲场合

所谓休闲,指的是停止工作或学习,处于闲暇的轻松状态。着装要求是轻松、舒适、愉快。

男士和女士都可着宽松或较为紧身的款式,比如夹克衫、T恤、棉质休闲裤、牛仔衣等。颜色可以选择鲜艳靓丽的色彩。女士连衣裙、短裙或衬衫的款式细节、图案和色彩都可以更丰富。

4.社交场合

在诸如晚宴、酒会、音乐会等场合,以时尚个性为着装原则,可以选择礼服、时装、民族服,不可以穿休闲服、运动服。男士建议穿深色西服即可,但是领带的图案和颜色都需要更加华丽一些,搭配合适的口袋巾,也可穿立领礼服套装。女士可以选用带丝缎的短裙、纱裙等,作为东方女性,可以穿优美典雅的旗袍,也可用无领、无袖的单色连衣裙搭配靓丽的首饰,诸如有质感的毛皮围巾、真丝丝巾等饰品来增加华丽感,与之相搭配的鞋可以选用丝缎面料、露趾的晚装鞋,提包也可以换成小巧一些的晚装包。

5.运动场合

职场人士在参加单位所组织的体育活动或观看体育比赛时应当穿运动装。运动装和休闲装都具有宽松、舒适的特点,但是运动装比休闲装更加利于人体活动。参加不同类型的活动有不同的运动装,如参加网球活动建议着网球衫,参加高尔夫球活动建议着高尔夫球装,在参加活动前应当备好相应的服装。

6.家居场合

职场人士在回家之后,应当换上家居服。家居服的特点是舒适、宽松、随意。但如果有客人来访,决不可穿家居服接待客人。即使有些家居服款式是会客时穿的,但也只适用于见很熟的私人朋友或邻居。根据礼仪规范,家居服绝不可以穿到自家大门外,哪怕只是去楼下小卖部买零食,穿着睡衣也是很失礼的。

> ↗ **温馨小贴士**
>
> √ 有领比无领更正式。
>
> √ 长袖比短袖更正式。
>
> √ 露少比露多更正式。
>
> √ 简洁比繁复更正式。
>
> √ 合身比紧绷或松垮更正式。

第三节　服饰礼仪

服饰作为仪表的重要组成部分,是人际交往中的主要视觉要素之一,它能直接反映出一个人的修养、气质与情操。尤其是,交往对象在深入了解我们本人之前,只能通过外表来判断一个人的品质。试想一下,如果一个人连衣服上的纽扣都能扣错,客户哪里会放心地将大额订单交给他去完成呢? 本节主要介绍职场人士常用的几种礼服款式特征以及运用范围、男士西服礼仪及女士着装礼仪等。

一、中、西方传统礼服

礼服泛指一切适合在庄重场合或举行仪式时所穿的服装。礼服分为男士礼服及女士礼服。

(一)男士礼服

1.晨礼服

晨礼服,又名英国绅士礼服,是白天最为正式的礼服,可提升儒雅气质。通常上装为灰色或黑色,戗驳领,单排扣,前端是弧线下摆,衣服前短后长,上衣后摆长及膝部。下装为灰色竖条纹裤,一般用背带,可以配白色衬衫,灰、黑、驼色领带都可进行搭配,穿黑袜子、黑皮鞋,可以戴黑色礼帽。可以穿晨礼服参加各种典礼、婚礼。

2.大礼服

大礼服,也称燕尾服,是西式晚礼服的一种。其一般为镶缎戗驳领,双排扣,前端是折角短下摆,也就是前短后长,总衣长近膝。穿大礼服时,必须配双侧镶嵌缎带的长裤,配马甲及白色领结。穿黑皮鞋和黑色袜,戴白手套。大礼服是一种晚礼服,适合参加晚宴、舞会、招待会等场合。

3.小礼服

小礼服,也称小晚礼服、晚餐礼服或便礼服。镶缎的戗驳领或青果领(真正规范的小礼服连侧面口袋边也是镶缎的,且不能有袋盖,扣子必须用缎包起来),单粒扣(也有双排的),正常西服上衣长度。小礼服必须配侧镶嵌单条缎带长裤,用腰封,如果不用腰封,要记得不能系皮带(意味着裤腰必须合体)。配黑色领结或黑色领带,穿黑皮鞋,一般不戴帽子和手套。这种礼服适用于晚上举行的宴会、晚会、音乐会,观看歌舞剧等场合。

4.中山装

作为中国传统男士礼服,中山装凸显了中国男性坚毅、稳重的气质特点。尤其是经过改良、创新之后的中山装,更多了些别致的清雅之气。中山装前门襟有五粒扣子;带风纪扣的封闭式领口;上、下、左、右共有四个贴袋,袋盖外翻并有盖扣;一般应为上下身同色的深色毛料精制而成。穿着时,应将前门襟、风纪扣、袋盖扣全部扣好;口袋内不宜放置杂物,以保持衣服的平整挺括;配黑色皮鞋。着中山装可以出席各种外交、社交场合。

(二)女士礼服

1.晨礼服

晨礼服,也称常礼服,是面料、颜色偏向相同的套装,也可以是单件连衣裙。穿着晨礼服时不宜露出太多皮肤,大多数应该只露四肢;腿部不能露到膝盖以上;可戴手套和帽子,也可携带一只精致小巧的手包或挎包。晨礼服一般在白天穿,适合用来参加在白天举行的庆典、茶会、游园会、婚礼等场合。

2.大礼服

大礼服是最正式的礼服,也称大晚礼服,是一种单色拖地或不拖地的连衣裙,无袖,露出锁骨、肩、背，为华丽的首饰留下表现空间。其主要适用于非常正式、大型的晚会及宴会。

3. 小礼服

小礼服，也称为小晚礼服或便服，通常是指长至脚面而不拖地的露背式单色连衣裙。其衣袖有长有短，着装时可根据衣袖的长短选配长短适当的手套，通常不戴帽子或面纱。其适合用来参加晚间或日间的鸡尾酒会、正式聚会、仪式、典礼等场合。

4. 旗袍

旗袍作为中国的传统服饰，最考验女性身材及气质，同时，旗袍也是最能够体现女性魅力的服装。旗袍有各种不同的款式和花色。旗袍有着明显的特点，比如紧扣的高领、贴身、衣长过膝、两侧开衩、斜式开襟。在正式场合穿着的旗袍的开衩不宜过高，应到膝关节上方一到两寸为佳。着旗袍可配穿高跟鞋或半高跟鞋，或穿高级面料、制作精良的布鞋。

随着礼仪从简趋势的发展，许多国家和地区对于服饰的要求也日渐简化。除了参加特别隆重的正式场合穿礼服之外，在一般的社交场合穿礼服的机会并不多见，尤其是穿燕尾服的人士更为少见。在当代社会，在较为隆重正式的场合，着深色、面料上乘、制作精良的西服即可。

二、男士西装礼仪

西装，又称西服，是目前全球较为主流的一种服装，同时也是职业男士在求职面试、商务谈判、重要会议等正规、严肃场合着装的优先选择。职业男士想要使自己所穿着的西装真正称心合意，就需要遵守相关的礼仪规范。

(一) 西装的选择

1. 色彩

男士在正式场合通常穿正式的西服套装，也就是说上下装面料相同、颜色相同。纯黑色西服在西方通常用于婚礼、葬礼以及其他极为隆重的场合，而在正式的商务场合最常使用的西服套装颜色一般为深蓝色和深灰色。深蓝色或深灰色西服套装一般搭配白衬衫，这是职业男士的必备服装。

2. 面料

作为男性在正式商务场合必备的正式服装，面料的选择力求高档，毛料应该作为西装首选面料。纯毛、纯羊绒的面料以及高比例含毛、含羊绒的毛涤混纺面料，都可以用作西装的面料。

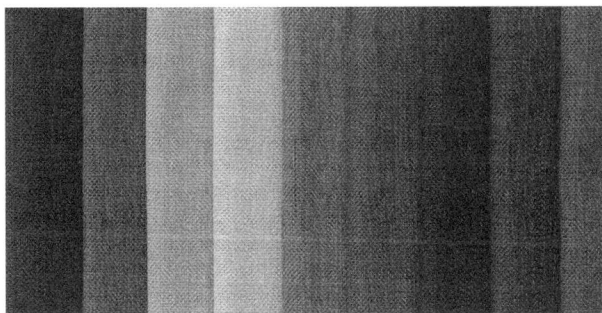

毛质面料示例

3.款式

西装按照其件数来划分,可分为单件西装、两件套西装、三件套西装。职业男士在正式场合所穿的西装必须是西服套装,在参与高层次的公务活动时,以穿三件套的西服套装为佳。

三件套西装示例

西装上衣按照其纽扣排列来划分,可分为单排扣西装上衣和双排扣西装上衣。单排扣西装上衣最常见的有一粒纽扣、两粒纽扣、三粒纽扣三种。双排扣的西装上衣,最常见的有两粒纽扣、四粒纽扣、六粒纽扣三种。双排扣西装通常比单排扣西装更显热情与活力,但在选择这种双排扣西装时,需要考虑周围是否有人穿这种样式,以防显得太出众。

双排扣西服示例

4. 版型

版型指的是西装的外观轮廓。当前,西装分为四种基本的版型,即美式、意大利式、英式和日式。

西服多款版型

美式西装直筒式、带小垫肩,上衣后部下摆的中间开一个衩。美式西服往往宽松肥大,适合于休闲场合。美式西装强调舒适、随意的特点。

美式西服示例

意大利式西装非常贴身,垫肩较厚,其多为双排扣、收腰,上衣下摆一般不开衩。

意大利式西服示例

英式西装顺应身体曲线,它是单排扣,不刻意强调肩宽,肩部柔软、稍垫肩,但领子比较狭长,在腰部稍微收紧,上衣下摆两侧开衩。

英式西服示例

日式西装一般不收腰,基本轮廓是 H 型。它适合亚洲人的体型,没有肩宽,也没有收腰。通常日式西装的后衣身长度要比欧版西装短 1 厘米左右。它多是单排扣式,衣后不开衩。

5.尺寸

穿着西装时,尺寸要合身,即西装看上去长短肥瘦都正合适,就像是专门量身定做的一样。合身的西装会使人感觉舒适,而且看上去富有魅力。

若想顺利挑选到合身的西装,首先需要了解自己身体的确切尺寸。

具体量身方法是:身体放松,自然站直,用软的卷尺进行测量。

胸围:卷尺贴着皮肤,绕胸部最宽厚处一周的长度。

腰围:卷尺贴着身体,在肚脐上方 3 厘米的水平位置上量一圈的长度。

臀围:卷尺贴着皮肤,在胯骨凸起处的水平位置处量一圈的长度。

肩宽:请另外一人用软尺从背后,量一边肩骨到另一边肩骨的直线距离,测量时软尺要拉直。

因为生产厂家不同、设计款式和风格不同,而人的体型又千差万别,所以在选择衣服时不能只看服装的号码,如有可能,建议一定要试穿。试穿时不能只是站在原地,应当抬抬胳膊、走两步、试着蹲下,体验是否舒适、美观。西装是靠肩膀来撑起气度的,服帖的肩膀线条方能充分发挥出利落的线条轮廓。尺寸过小时,颈后方会出现褶皱。站立时如果衣服出现非设计上的横向、纵向或斜向的褶皱,说明衣服太大、太小或者有做工质量问题。合身的西装穿在身上平整、服帖,既适合身体的曲线,又不限制身体的活动。

6.做工

西装的做工是指服装在缝制过程中的工艺水平。做工不好的服装,穿着不久就会出现纽扣脱落、缝线开脱等质量问题。在挑选西装时,检查其做工好坏,可以从以下几个方面着手:一是看对折后上衣前面两块对襟的长度是否一样;二是看衣领是否平整、左右是否对称无褶皱;三是看口袋是否对称,表面是否拱起或起皱;四是穿在身上时,看衬里是否平展、宽松,以便于身体活动;五是看针脚是否均匀,接缝处不能有褶皱、不能有针脚,衣袖、裤管边缘应平直;六是看纽扣是否缝牢,纽孔锁边应密实、整齐;七是看肩部、领子、口袋、接缝处的图案是否对齐(如果是条纹、格子图案的西装)。

(二)西装的搭配

1.衬衫

与西服搭配的衬衫应当是正装衬衫。正式场合中,与西服相配的衬衫以白色为首选。

衬衫领围大小要合适,宽松度以正好能插入 2 指为宜,领口要干净、平整、不起皱。穿上西服时,西服的领子应当紧贴衬衫的领子,且衬衫衣领一般应比西服衣领高 1~2 厘米,即西服的领子绝对不要接触到颈部的皮肤。

衬衫领口

衬衫衣扣都要扣上。在穿西装打领带的时候,衬衫的所有纽扣都要系好,只有在不打领带的时候,才可解开衬衫的领扣。

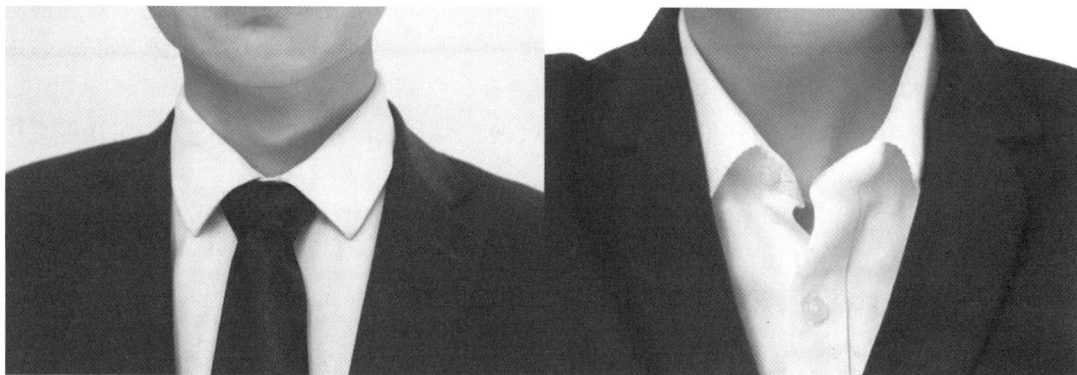

衬衫领扣示意图

衬衫袖子应长短合适。穿西装曲肘时,衬衫袖口应露出西装袖口外 1～2 厘米,这样最美观。

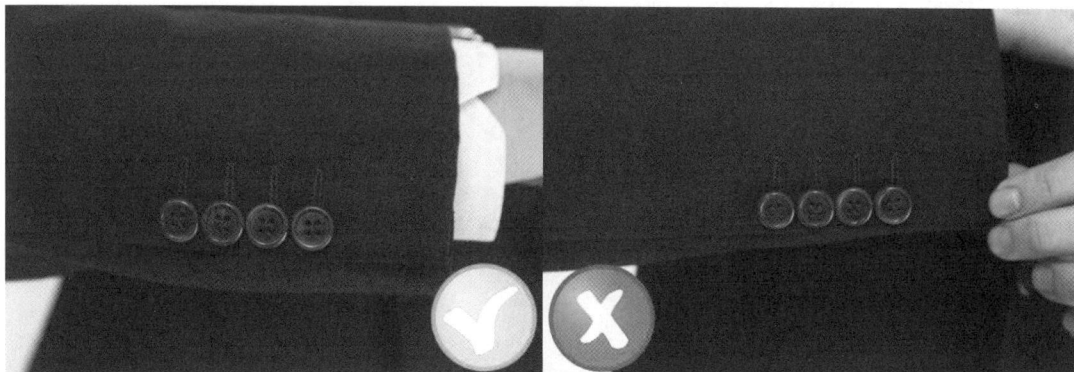

衬衫袖长对比图

衬衫下摆要放好。不论是否穿外衣,均需将衬衫的下摆均匀掖进裤腰内,这样会使人看上去不拖沓,显得精神抖擞。

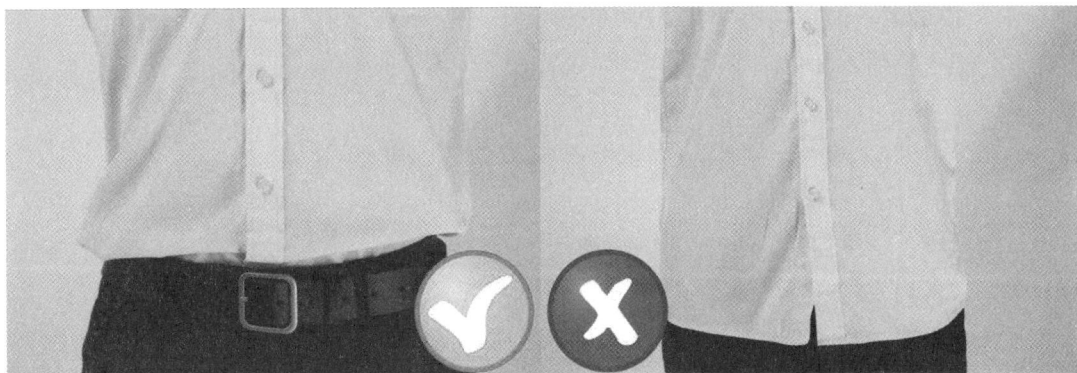

衬衫下摆示意图

衬衫穿着要合身。衬衫要大小合身，衣领与腰围要松紧适度，下摆不宜过短，以方便人体活动。

2. 领带

领带是西服套装不可或缺的配件。领带的面料有毛织、丝、化纤等。100%优质真丝面料制成的领带是职业男士的首选，它具有轻柔、细腻、光泽度好的特点，打出的结比较漂亮。领带在平放时应该很平滑，垂下时应该很直，不扭曲。

挑选领带时应拿起领带，仔细检查有无织造、做工、染色、印花等方面的瑕疵，尤其是大头一端30厘米以内必须整洁无瑕疵、平整不扭曲。

领带的宽窄应跟西装翻领的宽窄相协调，也应跟自身的体型相协调。瘦小的人不建议系过于宽大的领带，高大魁梧的人也不建议系细小的领带。

领带的打法有很多种，常用的打法有如下几种：

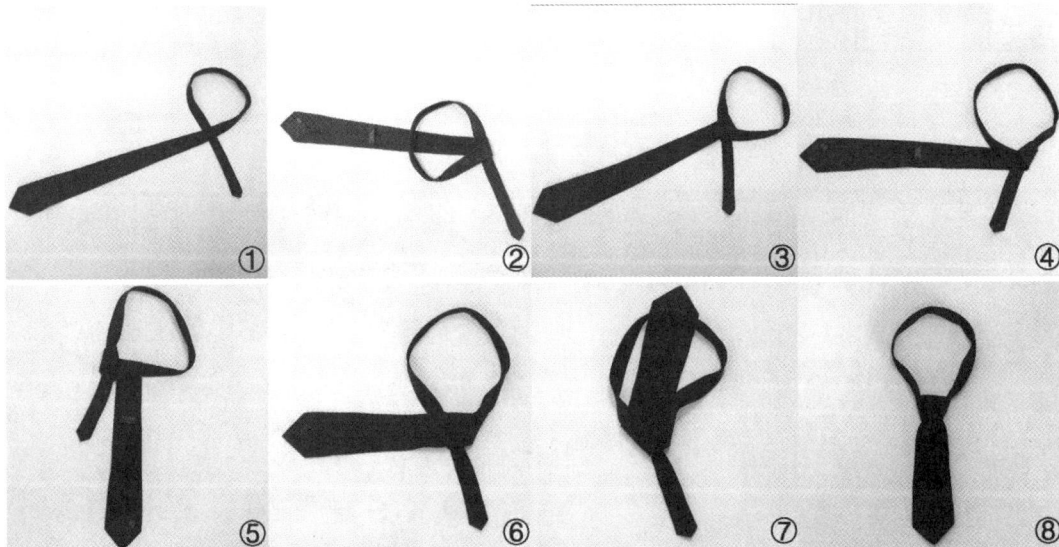

平结打法步骤图

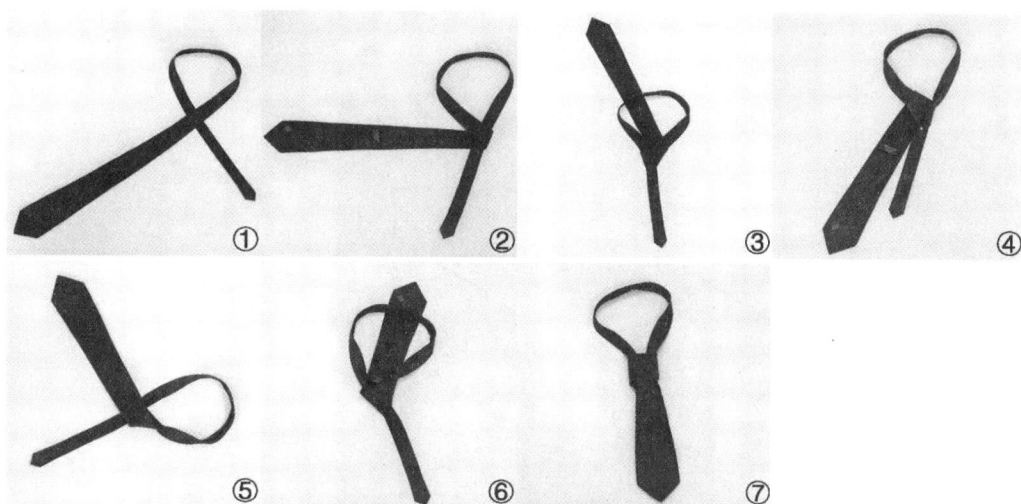

① ② ③ ④

⑤ ⑥ ⑦

半温莎结打法步骤图

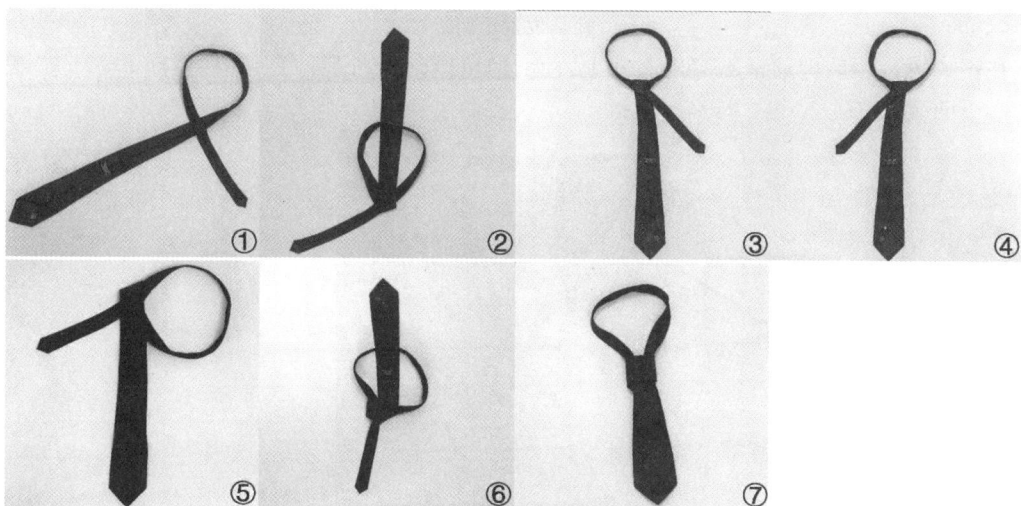

① ② ③ ④

⑤ ⑥ ⑦

温莎结打法步骤图

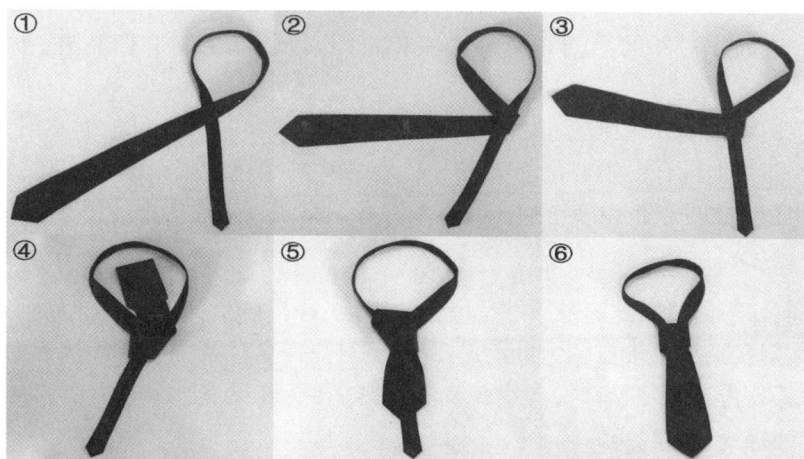

① ② ③

④ ⑤ ⑥

普瑞特结打法步骤图

领带系好后，站立时其尖端应该落在腰带扣上下缘范围内，这种状态看上去最为稳重、美观。

领带位置示例

在正式场合西装内通常不穿毛衣或毛背心，但可以配穿西装背心，这种情况下领带应该放在背心里面。

领带位置示例

领带夹一般夹在衬衫的第四与第五个纽扣之间，目前除了制服西装外，不流行使用领带夹。

领带花色图案很多，一般应该选择与衬衣和西装相配的花色；也可根据不同爱好、不同场合进行选择。正式的场合中领带花色应该庄重、保守。纯黑色领带（黑色无花纹）仅适用于葬礼。不规则大型图案的领带以及卡通、动物、花卉等图案的领带通常不适用于正式场合。

3. 鞋袜

在正式场合，与西装相配的鞋最好是黑色的皮鞋（深棕色皮鞋也可以，但切不可搭配旅游鞋或软牛皮休闲鞋），以系带皮鞋为最正式。配上黑色、深蓝色或深灰色等接近西裤颜色的袜子为好，以中长款为宜，穿西裤时，若小腿皮肤外露，会显得很不雅观。不要选择纯化纤的袜子，应当选择纯棉或毛棉混纺的袜子。

4. 皮带

穿着西装时必须配西式皮带,颜色以黑色为主,皮带扣以简洁的、金属的材质为佳。浅色、帆布质地或复杂皮带扣等样式的皮带是搭配半休闲、全休闲服饰时使用的。

三、女士着装礼仪

职业女性应根据自己的工作性质、职务高低、个性特征、身体条件等综合因素找准自己的形象定位。职业女装通常有女士西服套裤、西服套裙及连衣裙,一般而言,西服套裙比西服套裤更正式,穿套裙时,裙长最好不短于膝盖以上 3 厘米,不长于膝盖以下 5 厘米。

(一)套裙的类别

套裙有两件套和三件套之分,套裙的上装多为西服式样,也有圆领、V 领、青果领、披肩领等式样。款式有单排扣、双排扣。单排扣上衣可以不系扣,双排扣上衣应一直扣着。造型上有宽松的、收腰的,还可以有各种图案的镶拼组合。套裙分两种:上衣和裙子同色同料;上衣和裙子存在差异。职业套裙是职场女性的标准职业着装,可塑造出专业、干练的职业形象。通常以黑色、藏青色、灰褐色、灰色或暗红色为首选颜色,精美的方格、印花和条纹也可以作为选择项。套裙的面料,可以选择半毛制品或是亚麻制品,如果选择亚麻制品,最好面料中有适当比例的人造纤维,不然面料容易出现褶皱。

(二)套裙的色彩

女性职业套裙的色彩选择的大原则是尽量选择中性色。建议从以下色系中选择:黑色、海军蓝、中度灰、暗红、深灰褐色、驼色、红褐色、米色、棕色、深栗色、奶油色、橄榄色系列等。尽量避免艳俗的颜色,不要选择俗气的、引人注意的色彩。某些色彩如红、蓝、浓绿虽然夺人眼球,却还不至于不恰当,而香蕉黄或者鲜橙色用在西装套裙上会使人看上去缺少职业性。

皮肤黄里偏黑的人建议穿暖色调的弱饱和色服装。此类肤色的女性可选浅棕色作为主色,白、灰和黑色三种颜色作为调和色。穿上黄棕色或黄灰色的衣裳脸色会显得明亮一些,也可以穿绿灰色的衣裳,脸色会显得红润一些。忌穿黑色、黑紫色、深褐色等色彩的上衣。

肤色较白的人不宜穿冷色调服装,这样会越发突出脸色的苍白。这种肤色的女子最好穿蓝色、黄色、浅橙色、淡玫瑰色、浅绿色一类浅色调衣服。忌穿黑色与纯白色上衣。

肤色红嫩的人可采用非常淡的丁香色和黄色,且都可用来作主色,也可穿淡咖啡色配蓝色,黄棕色配蓝紫色,红棕色配蓝绿色以及淡橙色、灰色和黑色等。忌穿红色、橘色等暖色调上衣。

肤色偏黄的人建议选择黑色,优雅的黑色套裙会使人看上去有复古气质;也可以穿大红色,不仅可以使脸色不再那么发黄,而且让脸色显得红润,气色比较健康;还可以穿藏青色的服装,深色让皮肤发白,而且有种高贵的感觉。但不建议肤色偏黄的人穿紫色的衣服,对这个颜色大部分人都很难驾驭,肤色偏黄的人如果穿这种颜色的衣服会衬得肤色更黄。

(三)套装的搭配

在着装时,应考虑以下几个搭配因素:

1. 衬衫

衬衫的颜色可以是多种多样的，只需与套装相配即可。白色、奶黄色和米色与大多数套装都能搭配。丝绸是最好的衬衫面料，另外也可选择棉、麻质地的面料，但要确保熨烫平整。

衬衫的图案以无图案最为适宜，也可以选择带有条纹、方格、波点、暗花纹等图案的衬衫。在穿带有图案的套裙时如果穿带有图案的衬衫，建议二者或是外简内繁，或是外繁内简，变化有致，达到视觉平衡的效果。

2. 内衣

要确保内衣合身，保证身体线条曲线流畅，既穿得合适，又要留意不要外露内衣的颜色。

3. 丝巾

丝巾选择真丝质地的为佳，其他质地的丝巾打结或系起来没有那么高级、正式，也没那么好看。在选择丝巾时还要注意颜色中应包含有套裙颜色，两相呼应。

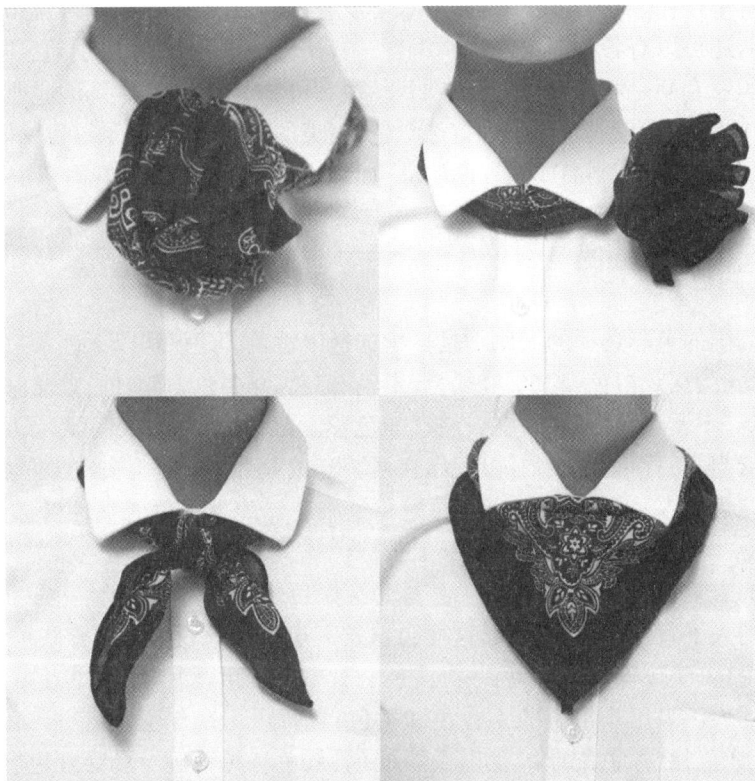

丝巾常见系法示例

4. 袜子

女士穿裙子时应当配长筒丝袜或连裤袜，颜色以肉色和黑色最为常用。肉色长筒丝袜配长裙、旗袍最为得体。需要注意的是，遵照礼仪习俗，女士不能在公众场合当众整理自己的长筒袜，而且袜口不可以露在裙摆外面。建议不要穿有图案的袜子，因为会使人看上去轻浮、不够沉稳。袜子应当完好无损，可在皮包内放一条备用丝袜，以便当丝袜被弄脏或破损时能够及时更换，以有效避免出现尴尬局面。

5. 鞋

建议鞋跟高度以3~5厘米为宜。在正式的场合不要穿凉鞋或露趾的鞋,也不建议穿着后跟用带系住的女鞋。鞋的颜色与样式要和套装相互配套,这样可以从视觉上使人显得高一些。如果所穿的鞋是另外一种颜色,人们的目光会被吸引到脚上。

需要特别注意的是,应当经常保持鞋面清洁光亮、鞋跟完好无损。肮脏、破损的鞋子会让人的职业形象大打折扣。

6. 包

女士西装大多无口袋,即使有口袋大多也仅仅作为装饰,如果在口袋里放满物件会影响整体造型。所以,女士需要随身携带的重要物品,例如,手机、化妆工具、钥匙等都要放在必备的包里。建议尽量选择质地优良的包,以免因为质量不好而在关键时刻出现拉链坏掉或背带断裂等情况,从而导致出现不必要的尴尬局面。在颜色和款式的选择上,应考虑能与大部分职业服装相配。

7. 首饰

在正式场合穿职业装时,女士应当佩戴小型的、质量上乘的首饰,不可佩戴过于显眼的首饰。每只手建议只戴一枚戒指。需要注意的是,首饰一定要质地优良,佩戴质量低劣的首饰还不如不戴。在工作场所,首饰的选择以不妨碍工作为前提条件,过大的坠子、过长的项链、摇曳生姿的耳环、镶有大颗宝石的戒指、活动时叮当作响的首饰都不宜出现在操作和服务岗位上。

(四)职业女性着装禁忌

1. 忌过分暴露

一般而言,在正式场合不能穿着过露、过紧、过短和过透的衣服,比如吊带衫、短裤、超短裙、紧身裤等。这样做不但起不到被别人认同和注意的目的,而且容易被人认为很轻浮。简约的职业套装会给人大方得体的感觉,并可以提升在交往对象心中的整体形象。

2. 忌不够专业感

时尚、年轻且带着浓重学生气的半截袜套不建议穿进职场,即便能使人看上去甜美可爱,但缺失了职业女性该有的专业感,长筒丝袜才是正确的选择。

3. 忌丢失职场威严

职业套装适合办公环境,T台上照搬下来的波希米亚风格、朋克风格等都不适合办公环境,优雅得体才能体现职场的严肃感和庄重感。

4. 忌"内衣"外穿

穿着居家便服很舒适,但是在公共场合这样穿会显得很失礼。即使需要在家或宾馆房间里会客,也不可以穿睡衣、内衣、短裤或浴袍。

5. 忌裙、鞋、袜不协调

鞋子应为高跟或半高跟的真皮皮鞋,颜色以黑色为主,与套裙色彩一致的皮鞋也可作为选择项。袜子一般为天鹅绒或包芯丝的丝袜、连裤袜,颜色可选肉色、黑色、浅灰色、浅棕色等几类常规色彩。需要注意的是,不可将健美裤、九分裤等裤装当成长袜来穿。切不可穿跳丝的丝袜,这样做会有失分寸。

6. 忌光脚或三截腿

在国际交往中,如果着裙装却不穿袜子,往往会被看作故意卖弄风情,因此,光脚是不被允许的。而在穿半裙时,如果穿半截袜子,袜子和裙子中间会露出一部分腿,会导致裙子一截、腿肚子一截和袜子一截。这样穿往往会缺乏美感。

综合案例

某汽车品牌4S店营销顾问小李费了很大周折才联系上一位国有企业的主管领导,准备与对方沟通车辆购买的相关事宜。会面当天正值夏天,天气特别热,他觉得穿着休闲裤和T恤衫就可以了,可是当他一身休闲装走进对方的会议室时,却发现所有与会人员都穿着西装正装。他的脸腾地红了,觉得非常尴尬,整个沟通过程中的状态也非常差。因此,一项即将到手的大客户采购项目就这样失败了。

案例思考题:

1. 小李的大客户采购项目为什么会失败?

2. 试分析一下,小李该如何着装,以便为商务洽谈的成功做准备?

3. 服饰与工作能力及工作业绩有何关系?

本章小结

本章主要介绍了着装原则、服饰搭配原则和服饰礼仪要求及禁忌等内容。通过本章的学习,可以认识到,服装是一门艺术,职场中服装的穿着要注意时间、地点、场合、角色原则;通过合理的色彩搭配、正确的款式造型选择、服装及各类配饰的和谐搭配等,可以提高个人的职场魅力,以便为自己获得成功做好准备。

复习与思考

一、礼仪演练

练习领带和丝巾的不同系法,并尝试不同的搭配,请老师和同学进行评议。

二、礼仪实训

1. 日常生活中常见的违反服饰礼仪规范的情况有哪些? 请举例说明。

2. 认真审视自己,看看自己是什么体型、什么气质、什么肤色,适合穿什么服装。

3. 为即将步入某职场的自己设计一套职业装,并罗列着装要求。

第四章
个人形象塑造之仪态礼仪

通过本章的学习,应达到以下目标:

◆ **知识目标**

1. 了解仪态的定义及仪态美的标准;

2. 掌握身体语言、站姿、坐姿、行姿、蹲姿等体姿及体态礼仪的标准。

◆ **能力目标**

1. 纠正不良习惯,规范仪态举止;

2. 通过人体基本形态和动作练习,提升气质风度,展示高雅魅力。

◆ **思政目标**

1. 通过对身体语言、站姿、坐姿、行姿、蹲姿等体姿的学习,改善学生体态上的不足,培养其端庄大方、健康向上的姿态气质,同时,在不断重复的练习中,也能培养学生吃苦耐劳、坚忍不拔的精神。

2. 通过对仪态礼仪的学习,提升个人涵养和素质,从而在人际交往中懂得尊重他人并赢得他人尊重,带动他人,发扬并丰富祖国文化魅力,对中华传统美德的传播、传承起到积极作用。

3. 通过形体、仪态方面的练习,可以提高学生的心理健康水平,提升学生的职业心理素质,增强学生在人际交往中的自信从容。

习近平总书记在党的二十大报告中指出:"广大青年要坚定不移听党话、跟党走,怀抱梦想又脚踏实地,敢想敢为又善作善成,立志做有理想、敢担当、能吃苦、肯奋斗的新时代好青年,让青春在全面建设社会主义现代化国家的火热实践中绽放绚丽之花。"实现中华民族伟大复兴的中国梦,是一场历史接力赛,需要一代又一代有志青年持续奋斗。仪态及仪态礼仪则是职业行为素养的综合组成部分。职业行为习惯是职业素养的一个核心要素。青年大学生应该养成良好的专业素养及职业素养,以投身祖国的伟大建设之中。

英国哲学家培根曾经说过:"相貌的美高于色泽的美,而秀雅合适的动作美,高于相貌的美,这是美的精华。"仪态是指人在行为中的姿势和风度。姿势是指身体所呈现的样子,风度属于内在气质的外在表现。我们每个人都是以一定的仪态出现在别人面前，一个人的仪态包括他所有的行为举止，如微笑、眼神等表情，站姿、坐姿、行姿、蹲姿、手势等肢体活动。

中国俗语有云："站有站相，坐有坐相。"每一个人的表情、举止都跟其品格、学识、气质有关。优雅沉稳的仪态可以充分展现一个人良好的礼仪修养。如果一个人整天含胸驼背、萎靡不振，或者动作轻狂、举止放纵，或者给他人造成不自信、不大方，或者没教养、没品位的不良感觉。即使化再精致的妆容、穿再奢侈的服饰，也无法弥补不良仪态给人留下的糟糕印象。因此，仪态可以看作一个人涵养的一面镜子，也是构成一个人外在美的主要因素。

仪态在社交活动中有着特殊的作用。潇洒的风度、优雅的举止常常令人钦佩有加，也令人印象深刻，受到他人的尊重。仪态的美是一种综合的美、完善的美，是仪态礼仪所要求的。仪态礼仪就是人们在社会交往过程中的行为举止所应遵循的原则与规范。外表的美属于那些幸运的人，而仪态美的人往往表现得更出色，更富有个人魅力。

仪态的美化有四个标准：一是仪态文明，要求仪态要有修养、讲礼貌，不在他人面前有粗野的动作和行为；二是仪态自然，要求仪态既要规范庄重，又要表现得大方实在，不虚张声势，不装腔作势；三是仪态美观，这是高层次的要求，即仪态要优雅脱俗、美观耐看，以给人留下美好印象；四是仪态敬人，要通过良好的仪态体现敬人之意。

第一节　身体语言

身体语言又可简称为体语，通过身体语言实现的沟通叫作身体语言沟通。身体语言，是指非词语性的身体符号，包括目光与面部表情、身体运动与触碰、姿势与外貌、身体间的空间距离等。我们在与他人交流时，即使不说话，也可以通过对方的身体语言来探索其内心活动，对方也可以通过身体语言了解我们的真实想法。因此，身体语言在人际交往中传递着大量重要的信息。

礼仪课程中的很多内容（例如说握手礼、鞠躬礼、站姿、坐姿、行姿等）皆属于体态语的范畴，在这一小节我们重点分享微笑、目光、手势、空间距离等方面的礼仪规范。

一、微笑

常言道"笑一笑，十年少""伸手不打笑脸人""和气生财"。微笑让人觉得快乐、和善、亲近、温馨、甜美、热情，能快速有效地缩短交往双方的心理距离，打破交际隔阂，创造真诚、融洽、温馨的交际氛围。一个善于微笑的人，一定是充满自信、乐观豁达、心地善良的人，同时，也是能给他人带来好心情的人。

（一）微笑的作用

1. 给对方留下良好的第一印象

微笑是人际沟通的通行证。面露平和愉悦的微笑，说明人心情欢快、积极向上、乐观开朗，这样的人才容易对他人产生吸引力，给他人留下良好的第一印象。

2.打破僵局,解除人的心理戒备

人际交往的障碍之一就是会对他人持有戒备心理,特别是在一些重要的交际场合,人们的心理防线就会提高,担心由于言行不当带来不必要的麻烦,有些人会尽量少讲话,甚至保持沉默。在这种情况下,沟通就会出现问题,容易出现僵局。此时,微笑作为主动交往的敲门砖,可以消除彼此的心理防线,从而产生信任和好感,随之进入交往状态。发自内心的真诚微笑是一个人人格、品德的最好说明,常常能在很短的时间内起到消除成见和戒备的作用。

3.表示对他人的尊重和友好

微笑能反映人自身的内心坦荡、真诚友善。每个人都希望在交往中能受到尊重,能被对方友好地对待,而这种友善的态度,除了通过交往双方的言语表达以外,还可以通过挂在彼此脸上真诚的微笑来展示。不管是初次相遇之人,还是彼此相熟之人,都希望能从对方脸上看到微笑这种表情,从而不知不觉地缩短心理距离。

4.展现爱岗敬业的工作态度

在工作岗位上保持微笑,可以充分说明一个人热爱本职工作,恪尽职守。如果是在服务岗位工作的职场人士,微笑更是可以营造和谐融洽的气氛,让他人感到温暖和愉悦。发自内心、饱含真挚情感、毫不虚伪的微笑才最能打动人心,是最美的表情。

(二)微笑练习

一个人在微笑时,应当做到目光柔和,两眼略微睁大,眉头自然舒展,鼻翼张开,嘴角上扬,做到心到、眉到、眼到、鼻到、嘴到,才会自然亲切,打动人心。

(1)微笑要发自内心,做到心眉、眼、鼻、口相结合,做到真笑,从内心扬起的笑容最真实。

(2)微笑要适度、适宜,不能笑得肆无忌惮,更不能随心所欲地大笑,以免影响形象。

(3)微笑要自然、不僵硬,嘴角适度上扬,要找到最适合自己的微笑表情。

(4)微笑要与言语、举止相结合,形成和谐统一的效果。

一度、二度、三度微笑示例

每天坚持微笑练习10分钟,坚持一个月后,会渐渐练习出阳光般的完美笑脸。微笑的你,是最美的!

二、目光

俗语说:"眼睛是心灵的窗户。"眼睛可以在很大限度上如实反映一个人的内心世界。目光是人际交往中，一种深情、无声的语言，往往可以表达有声语言难以表达的意义和情感。在一个良好的交际形象中，目光应该是坦然、亲切、和蔼、有神的。

（一）目光的分类

1. 公务凝视

在磋商、谈判、洽谈等正式场合，目光注视区域是以两眼为底线、额中为顶角所形成的三角区。公务凝视会使人显得严肃、认真，对方也会觉得你很有诚意，使你容易把握住谈话的主动权和控制权。

公务凝视示例

2. 社交凝视

社交凝视是指在各种社交场合使用的注视方式。注视区域是以双眼为上线、唇心为下顶角所形成的倒三角区。这种凝视能给人一种平等、轻松感，从而营造出一种良好的社交氛围。

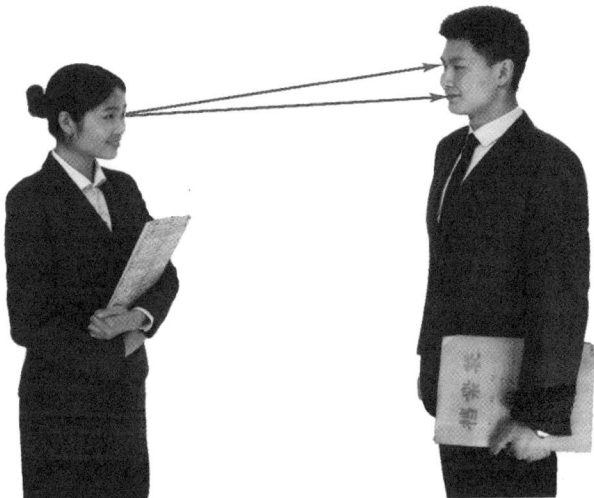

社交凝视示例

3. 亲密凝视

亲密凝视是亲人之间、恋人之间、家庭成员之间所使用的注视方式。注视区域在对方双眼和胸之间。这种凝视往往带有亲昵、爱恋的感情色彩,所以非亲密关系的人不可使用这种凝视,以免引起误会。

亲密凝视示例

(二)目光要求

随着场合的不同,目光注视部位也不同。不可使用斜眼、白眼、媚眼等眼神。

1. 平视

平视表示平等、坦率、自信、理性,适用于在普通场合与身份、地位平等的人交往。

平视目光示例

2. 俯视

所谓俯视,是指目光向下注视他人。一般用来表示对晚辈的宽容、爱护,但也可以传达出对他人的轻慢和不屑。

俯视目光示例

3. 仰视

所谓仰视,即抬眼向上注视他人。坐着聆听客人需求时,或者面对尊长时,采用仰视,表示尊敬、期待。

仰视目光示例

(三)注视时长

在社交场合,注视他人时间的长短很有讲究。在整个交谈过程中,与对方目光接触的时间应该累计达到全部交谈时间的50%～70%，其余30%～50%的时间可以注视对方脸部以外的5～10厘米处，这样比较自然、有礼貌。

如果想表示友好，那么注视对方的时长可以占到全部相处时间的50%左右。

如果想表示重视，那么注视对方的时长可以占到全部相处时间的60%左右。

如果注视对方的时长不到相处总时长的30%，那么可能传达的意思是瞧不起对方或对对方的谈话内容不感兴趣，也有可能是自身不够自信或暗怀心思的表现。

如果注视对方的时长超过了全部相处总时长的60%以上，而且直视对方，往往意味着对对方充满怀疑或抱有敌意。

对于关系一般或不太熟悉的人，不可长时间注视，否则就是相当不礼貌的行为。

（四）注视礼仪

在不同的场合，面对不同的交往对象，我们所使用的眼神是不同的。举例而言，如果用看爱人的眼神看向领导或商务合作伙伴，是极为不合乎礼仪规范的。

在中国，人们往往不习惯于在交谈时长时间注视对方的眼睛，也不太愿意被别人长时间地直视。所以按照中国惯例，与他人交谈时，通常应该先注视对方的眼睛一秒，眼神要亲切自然，同时面带微笑，用身体语言表达对谈话对象的尊重，然后再根据交往对象运用注视区域、注视时长等礼仪规范。

如果对方不小心说错话，我们应该尽量避免直视对方，可以把目光移开，不然对方有可能认为我们在嘲笑他；同时跟多人交流时，不能厚此薄彼，只与自己喜欢或熟悉的人进行交流，一定要将友善的目光不时照顾到在场的所有人，对于正在发言的人应该给予更多眼神交流；面对陌生人时，不可以毫无顾忌地上下左右打量对方，也不能长时间没有眼神交流，更不应该长时间盯视对方。

日本人最常用的礼节是鞠躬礼，行鞠躬礼时目光多俯视。在与日本友人交流时，直接对视会被视为一种挑战，表示藐视或仇视。因此，日本人在交谈时，往往恭恭敬敬地看向对方的颈部，以示尊敬和尊重。

欧美国家的人在与朋友交流时，喜欢直视对方的眼睛，以示专注、热情、友好，美国、意大利、法国等国家都是如此。所以，我们在与这些国家的朋友交流时可以直视对方的眼睛，而目光闪躲、游移，反而会被看作不专心、不真诚、不信任等。

（五）面部表情之禁忌

在平时的日常生活中，我们在认真练习优雅得体的微笑以及充满魅力和真诚的目光时，还需要注意避免出现影响自己良好个人形象的面部表情。

比较常见的不良面部表情有：

莫名其妙地皱眉头；

面部肌肉不自觉地抽搐、扭曲；

不自觉地眯眼、瞪眼、眨眼、斜视、瞟视、翻白眼等；

习惯性地抽鼻子、皱鼻子；

习惯性地龇牙咧嘴、咂嘴、噘嘴、撇嘴等；

各种不自然的笑，如干笑、坏笑、阴笑、嘲笑等；

无意识地舔嘴唇、咬嘴唇、吐舌头等。

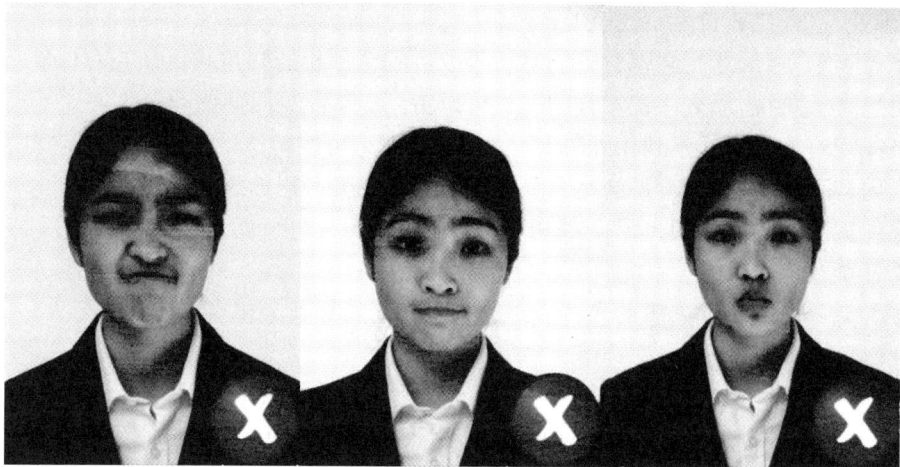

面部表情错误示例

我们每个人都可以自省一下，会不会出现一些不良面部表情，如果有，那么势必会给个人形象减分。在以后的日常生活中，一定要注意避免，从而练就优美的面部表情，打造完好的个人形象。

三、手势

俗语说："心有所思，手有所指。"手势是指通过手和手指的活动所传递的信息。不同的手势可以向他人传达不同的信息，表达的情感也很细腻丰富。如招手致意、挥手告别、合手祈祷、拱手致谢、拍手称快、举手赞成、摆手拒绝、垂手听命；手指为怒、手遮是羞、手抚是爱、手搂是亲、手捧为敬等。因此，正确地了解和运用手势语言，既可以增强情感的表达，也可以达到很好的交往效果。

（一）手势礼仪的基本要求

（1）手势动作大小要适中。在社交场合，应注意手势的动作幅度。手势的上界一般不应超过对方的视线，下界不低于自己的胸区，左右摆动范围不要太宽，应在胸前或右方进行。在一般场合，手势动作幅度不宜过大，次数不宜过频，不宜重复过多。

（2）手势姿态要柔和。与人交往时，多用柔和曲线的手势，少用僵硬的直线条手势。柔和的手势可以拉近人与人之间的心理距离。

（二）手势礼仪

1. 引领手势

右手臂弯曲，五指自然并拢，掌心斜向上，与地面成45°，小臂自然伸直，以肘为轴向外转，由体侧向体前摆动，手臂上界不应超过对方视线，下界不低于自己胸区，左右摆动的范围不宜过宽。引领客人时遇到转弯、台阶等要面向客人用手势示意。

引领手势示例

2. 介绍手势

掌心向上,五指自然并拢,拇指微微张开,指向被介绍者。不可用手指指向介绍者,也忌用手指指点点。

介绍手势示例

3. 再见手势

右手手指与耳部平齐,不可高于头颅,也不要低于胸区,掌心面对客人,左右自然摆动。

再见手势示例

（三）手势注意事项

（1）在与他人交流过程中，在提及自身时，忌用手指指向自己的鼻尖，而应用手指轻轻按在自己的胸口上。

指示自身示例

（2）谈及他人时，切忌用手指别人，尤其忌用一只手指向他人，更忌讳背后对他人指指点点的不礼貌手势。

（3）在公众场合，切忌做出用手抓头发、玩饰物、掏鼻孔、剔牙齿、掏耳朵、咬指甲、抬腕看表、拉扯袖子等不雅手势。

不雅手势示例

（4）交谈时应避免指手画脚、手势过多过大，以免给人装腔作势、缺乏涵养的感觉。

（5）慎用 OK 手势。这个手势在中国、美国等国家表示"可以""行了""很好""还不错"等正面意思；但是，在比利时、法国等国表示"零""毫无价值"；而在拉丁美洲，这个手势意为"滚蛋"。

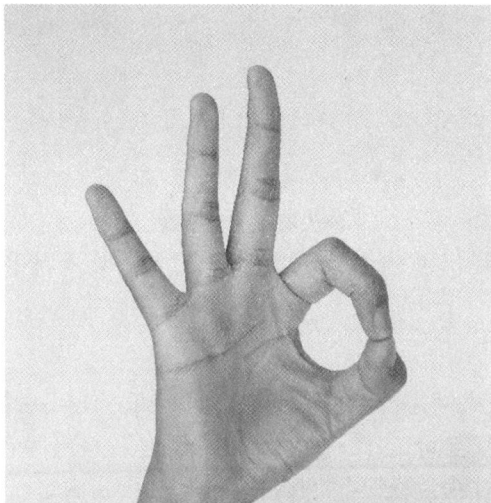

OK 手势示例

（6）慎用"V"字形手势。由大拇指、无名指和小拇指相握，食指和中指伸出呈"V"字形，手掌向外，这个手势表示"胜利"或者"和平"。但在英国，如果掌心向里做这个手势，以手背对着对方，表示的并非"胜利"或者"和平"，而是对对方的侮辱。因此，我们需要慎用此手势。

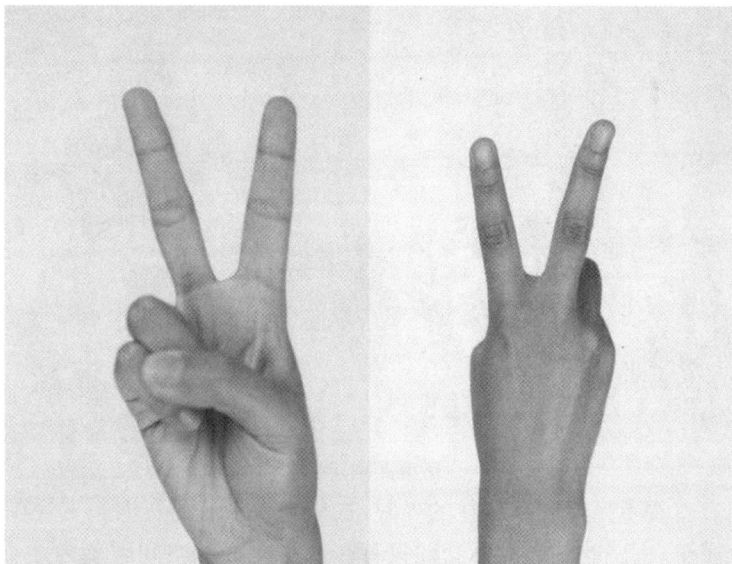

"V"字形手势示例

（7）慎用跷大拇指手势。大拇指向上竖起，其余四指握拳，此手势在世界上绝大部分国家和地区都表示"赞""真棒""好"的意思。但在美国、英国和新西兰，这种手势表示想搭便车。

在西方国家，拇指朝下表示"坏""不好"；在尼日利亚，这个手势被看作粗鲁的象征，表达的是对别人的侮辱之意。

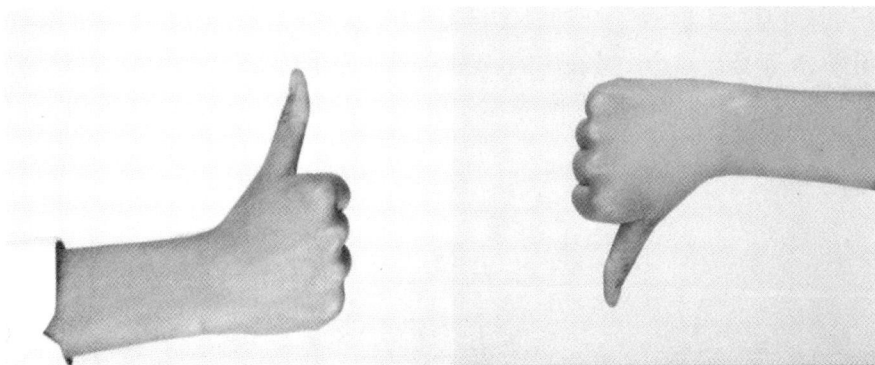

跷大拇指手势示例

（8）此外，我们也要慎用招手、十指交叉等手势，杜绝一切不雅手势。

四、空间距离

大量事例说明，人与人之间需要保持一定的空间距离。任何一个人，都需要在自己的周围有一个自己可以掌控的自我空间，它像一个无形的"气泡"一样，为自己划定"自我领域"。而当这个自我空间被人触犯时就会感到不舒服、不安全，甚至会恼怒。

一位心理学家曾做过一个试验。在一个刚开门的大阅览室内，每次当阅览室只有一个读者时，心理学家就进去拿椅子坐在他或她的旁边。试验进行了整整 80 人次。结果表明，在一个只有两名读者的空旷阅览室里，没有一个被试者能够忍受一个陌生人紧挨着自己坐下。一般而言，交往双方的人际关系以及所处情境决定着彼此自我空间的范围。

适度距离示例

人与人之间有着看不见但实际存在的界限，这是个人领域的意识。不管在什么情况下，人体周围都有一个属于自己的空间，人际交往只有在这个允许的空间限度内才会让彼此觉得安全又舒服。美国人类学家、心理学家、方法意义学创始人爱德华·霍尔博士划分了四种区域或距离，各种距离都跟与对方的关系相称。

（一）亲密距离

0.5 米以内为亲密距离。这是恋人之间、夫妻之间、父母子女之间以及至爱亲朋之间的交往距离。亲密距离又分为近位亲密距离与远位亲密距离两种。

近位亲密距离为 0~0.15 米,这是人际交往中的最小间隔或几乎无间隔,也是我们常说的"亲密无间",彼此间可能肌肤相触,耳鬓厮磨,甚至可以感受到对方的体温及气息。恋人之间都希望处于这样的空间距离,在这样的空间距离内,彼此都能感到快乐和幸福。

远位亲密距离为 0.15~0.5 米,身体上的接触可以表现为挽臂执手或促膝谈心,这个空间距离依然可以体现出亲密友好的人际关系。

亲密距离属于很敏感的领域,交往时需要留意,不可随意使用这种空间距离。在公共场合,唯有对至爱亲朋方可使用。大庭广众之下,除非在客观上超级拥挤的氛围里,普通异性之间切不可进入这一空间,否则会被认为是对对方的不尊重。即使因为客观条件导致的拥挤状况而被迫进入这一空间,也必须尽量避免身体的任何部位触碰对方,更不可将视线的落脚点放在对方身体的任何部位。

(二)社交距离

社交距离一般为 0.5~1.5 米,在这样的空间距离内,可以伸手握到对方的手,却不会轻易触碰对方的身体。在这一距离内讨论私人问题是可行的。

正常情况下,少数朋友在小范围内交流,多采用这一距离,亲密的朋友、熟人之间可以使用这一距离。

(三)礼仪距离

礼仪距离为 1.5~3 米,属于较为正式的交往距离,足以体现交往的正式性以及庄重性。

一般在工作环境和社交场合,人们多采用此种距离进行交流。在一些小型招待会上,如外交会谈中,两国使者可以坐在中间隔了茶几的两张沙发上进行交流,适度的距离感会让彼此都感觉舒适;在一些领导人或企业老总的办公室内,常用宽度为 1.5 米以上的桌子,来访者一般都被安排坐在桌子对面的椅子上,这样与来访者就保持了适度距离。在工作面试、毕业论文答辩等情境,双方往往都隔着一张桌子或保持一定距离,增加了庄重的气氛。

(四)公共距离

公共距离是指大于 3 米的空间距离,这个距离适用于公开演说时演说者与听众之间、大型会议室讲话者和参会人员之间以及彼此极为生疏的一些场合。这是一个相对开放的空间,人们可以对处于同一空间的其他人"视而不见",不予交往,因为彼此之间未必发生必然联系。因此,在这个空间的交往,如演说者想要与一个特定的听众交流时,他必须走下讲台,使彼此距离缩短为礼仪距离或社交距离,才能实现有效沟通。

我们掌握了交往中人们所需要的自我空间及适度交往距离,就可以根据活动的性质及参与对象,有意识地选择与人交往的合适距离;而且,通过对空间距离的正确感知,可以很好地了解一个人的实际社会地位、性格以及人们相互之间的关系,更有效地进行人际交往。

第二节　站姿

中国古代讲究"站如松，坐如钟"，追求用挺拔的仪态表达优雅的气质和翩翩的风度。站姿是一个人站立的姿势，是人们日常所使用的一种静态的身体造型。站姿是所有仪态中最重要的姿势，而基本站姿则是一切姿态的基础，其他姿势都是在基本站姿的基础上演化而成的。站姿是衡量一个人外表甚至整个精神面貌的重要标准。良好的站姿是保持挺拔体型的秘诀。从一个人的站姿，人们可以看出其精神状态、修养品质及健康状况。

在正式场合，我们的站姿应该是挺拔而庄重的，其基本要求是：头正、肩平、胸挺、腹收、腰立、腿直、手垂。

一、站姿基本要求

头部：抬头，既不前倾，也不后仰，更不可将头部下垂，双眼平视前方，嘴巴闭合，面带微笑。

下巴：下巴跟地面呈平行状态，不可将下巴高高扬起，也不能过于收下颌。

脖子：脖子应伸直，与身体的中心保持在一条直线上。

肩膀：两肩自然打开，将肩微微向后伸展，双肩平衡等高，既不能耸肩，也要避免塌肩。

双臂：双臂放松，自然下垂于身体的两侧，中指贴于裤缝。

背脊：背脊正直挺拔，利用脊椎的力量带动整个上半身向上挺拔，不可驼背。

胸部：胸部挺直，避免刻意高耸，也不能含胸。

腹部：腹部微微收起，不能突出。

腰部：保持腰部挺直且充满力量感，若腰部软弱无力，会导致整个人看上去无精打采。

臀部：收缩臀部的肌肉并往上提，使臀部有结实感。

腿部：双腿拉直并拢，双膝夹紧，不能留有空隙。

脚部：双脚后跟靠拢，身体的重心应均匀分布在两脚之间，不能仅仅落在脚尖或其中一只脚上。

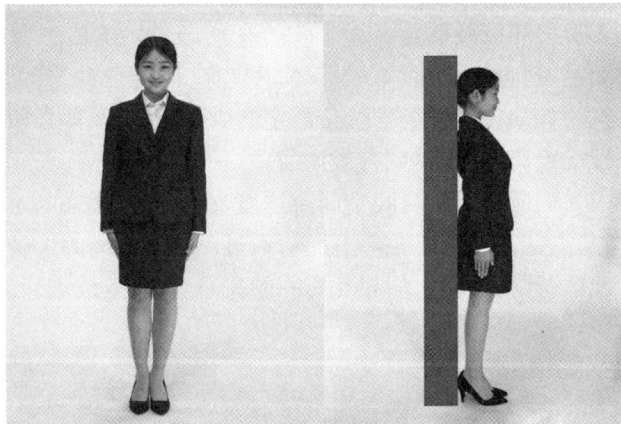

站姿基本要求示例

简而言之,采用标准站姿,会使人看上去沉稳、挺拔、大方、秀美。

二、基本站姿的练习

将身体靠墙壁站立,尽量使后脑勺、肩部、臀部、小腿肚子以及脚后跟这五个部位紧紧跟墙面相贴,努力让身体的中心在一条直线上,感觉整个人在挺拔向上,双眼平视前方,下颌微微收起,双臂自然下垂,两手伸直贴于大腿两侧,中指贴于裤缝,双腿膝关节紧紧靠拢并不可留有空隙。

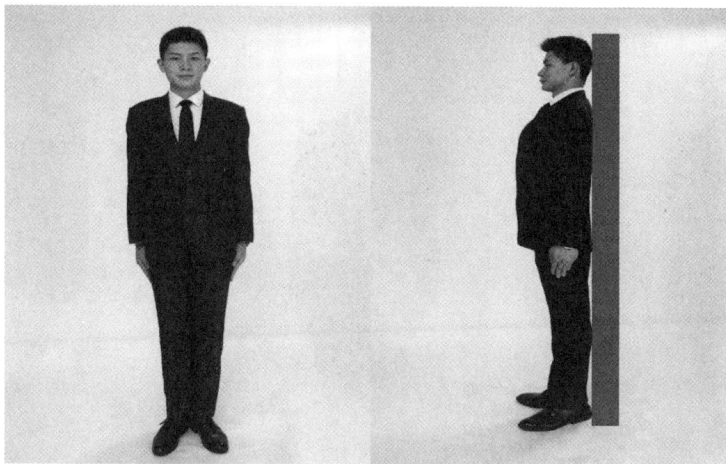

站姿练习示例

建议每天坚持训练一刻钟,长期坚持,让身体对标准站姿形成记忆,并形成自身挺拔的仪态。

女士可将一张纸夹在双膝之间,纸张不可掉下来。将一本书放于头顶,保持站姿要点,书不能出现晃动。

在练习站姿时,建议最好对着全身镜进行"自我修正",并且"自我欣赏"。在训练时可以放一些优美的背景音乐,有助于保持愉悦的心情,塑造自然甜美的笑容,同时减少枯燥乏味之感。

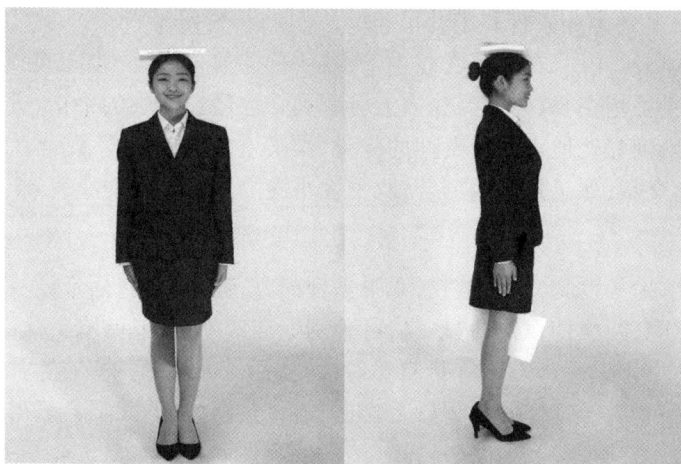

顶书夹纸训练示例

（一）女士优雅站姿

1. 标准式

身体保持直立,抬头挺胸,下颌微收,双眼平视前方,嘴角微闭,面带微笑,双手自然垂直于身体两侧,双腿膝关节紧紧靠拢并不可留有空隙,两腿伸直,脚跟靠拢。脚位有三种:可双脚完全并拢;可脚尖微微分开呈 15°～30°的"V"字形站位;亦可一只脚脚尖正对前方,另一只脚内侧与前脚脚跟相靠,呈"丁"字形站位。

| 标准式 | "V"字形 | "丁"字形 |

女士站姿标准式、"V"字形、"丁"字形站位示例

2. 礼宾式

身体保持直立,抬头挺胸,下颌微收,双眼平视前方,嘴角微闭,面带微笑,双腿膝关节紧紧靠拢并不可留有空隙,两腿伸直,脚跟靠拢,可用标准式站位,或两脚尖微微分开呈 15°～30°的"V"字形或"丁"字形站位。大臂和小臂呈 90°角弯曲,小臂跟手背在一条直线上,使手臂呈现最美的状态。双手自然并拢,右手搭在左手上,左手拇指轻轻贴于腹前,除大拇指外其余四指尽量舒展伸直,两手手指交叠在一起,让人能够看到女性修长纤细的手指。这样的站姿既可展现职业特点,又能恰到好处地表现出女性的优雅、柔美。如果交往对象为尊者,那么双手在肚脐的位置进行四指交叠;如果是普通场合,双手在小腹的位置进行交叠。

3. 交流式

身体保持直立,抬头挺胸,下颌微收,双眼平视前方,嘴角微闭,面带微笑,双腿膝关节紧紧靠拢并不可留有空隙,两腿伸直,脚跟靠拢,可采用标准式站位,或两脚尖微微分开呈 15°～30°的"V"字形或"丁"字形站位。双手手指自然弯曲,然后并拢,右手搭在左手上,左手拇指轻轻贴于腹前,压低双手手腕。这样的站姿看上去比较亲切、自然,但又不会显得过于随意。

标准式　　　　　　　　礼宾式　　　　　　　　交流式

女士站姿标准式、礼宾式、交流式手位示例

女士在非正式、非严肃场合可以采用较为随意以及较为放松的站姿。但仍然需要时刻保持女性含蓄内敛的优雅美,双腿分开站立的站姿只能出现在晃动的车厢等特殊环境里。

(二)男士儒雅站姿

1.标准式

身体保持直立,抬头挺胸,下颌微收,双眼平视前方,嘴角微闭,双手自然垂直于身体两侧,双腿膝关节紧紧靠拢并不可留有空隙,两腿伸直,脚跟靠拢,脚尖微微分开呈15°~30°的"V"字形站位。

2.分腿式

身体保持直立,抬头挺胸,下颌微收,双眼平视前方,嘴角微闭,双脚平行分开,两脚打开距离不得超过肩宽,手指自然并拢,右手轻搭在左手背上,轻轻贴于小腹的位置。不可挺腹,也不可后仰。

3.跨立式

身体保持直立,抬头挺胸,下颌微收,双眼平视前方,嘴角微闭,双脚平行分开,两脚打开距离不得超过肩宽,手呈握空拳的状态,在背后交叠,右手搭在左手上,贴于后腰位置。

男士站姿标准式、分腿式、跨立式示例

（三）站姿的注意事项

（1）站立时，不要垂头、歪脖、含胸、端肩、驼背。

（2）不可东倒西歪，懒散地斜靠在墙面或桌子上。

（3）不可将身体重心移到一侧，用一条腿支撑身体；不可无意识地做一些小动作；更不可站立时随意晃动身体，避免给人以不成熟、不稳重的感觉。

（4）在正式场合，不可将手插在口袋里，不可双手交叉抱在胸前，更不可双手叉腰。

（5）男士在两脚分开站立时，注意两脚之间的距离不可过大，不能超过肩宽；女士不可分腿站立。

（6）不可双腿交叉站立，更不可站立时抖腿。

错误站姿示例

第三节　坐姿

坐姿通常是指人坐着时候的姿态。坐姿最终的呈现虽是静态的，但有美与不美、优雅与粗俗之分。

中国古人对坐姿向来就很讲究，因为它是礼仪的一个方面。古书中对于标准有礼的坐姿有不少记载。如西汉时大夫宋忠和贾谊，听卜者讲解卜筮，由于这位学识渊博的卜者侃侃而谈、出口成章，两人不由得肃然起敬，于是"猎缨正襟危坐"，即整理冠带，正一正衣襟；危坐，就是挺直腰板，端正地坐好，从而表达对这位学者的敬重。古时君子士大夫十分重视自身道德礼仪的修养，因此，即使平时闲暇之余，也会约束自己的言行。如清康熙皇帝文治武功，威名显赫，平日上朝时端坐龙椅之上，俯视众人，却不知康熙帝这种举止修养的基本功其实是在长期严格的训练下培养出来的。他曾回忆说从小"凡饮食、动履、言语，皆有矩度。虽平居独处，亦教以罔敢越轨"。可见自古以来中国人对坐姿的礼节就有很高的要求。

我们在日常办公室办公、会见客人、参加会议、应聘等正式场合，都需要保持良好的坐姿。文雅、稳重的坐姿能展现自身的气质和修养，同时，良好的坐姿能使人感觉舒适、不易疲劳。

一、坐姿的基本标准

入座时,要轻、慢、稳,走至座椅正前方(此时身体重心均匀分布在两脚上),转身背朝座椅,准备入座,右腿后撤,用右小腿轻轻触碰到椅子的边缘,将整个人的重心渐渐移至左脚,用腿部的力量带动整个人平稳地落座在椅面上,女士坐椅面的前 1/3 或前 1/2,男士坐椅面的前 1/2 或前 2/3,然后将右脚收回,与左脚平齐放。如果坐满整个椅面,那么上半身很难保持挺直,双膝也很难并拢。

女士穿裙装入座时,应顺势用双手整理一下裙子,使裙子后面保持平整状态,然后再落座。

入座后双眼平视,嘴唇微闭,下颌微收,双肩端平放松,双手应掌心向下,四指交叠(右手在上)或两手相握放在大腿上,也可放在椅子的扶手上,女士穿裙装时,建议用交叠的双手压在裙子的边缘,以避免"走光"。上身挺拔,腰部直立,不含胸驼背,身体不前倾,前胸不可贴于桌子边缘,身体不后仰,后背不靠椅背。腿关节自然并拢,双腿正放或侧放,双脚自然着地。

起立时,右脚向后收半步,而后起立。与人交谈时,可以侧坐,这种情况下,上半身与腿同时转向同一侧。

总体说来,男女坐姿大体相同,仅仅在两腿的摆放上存在稍许差别。

二、女士坐姿

女士的坐姿要体现女性优雅之美。落座时要做到慢而轻,给人以灵动的美感;入座后要端正大方,稳重得体。

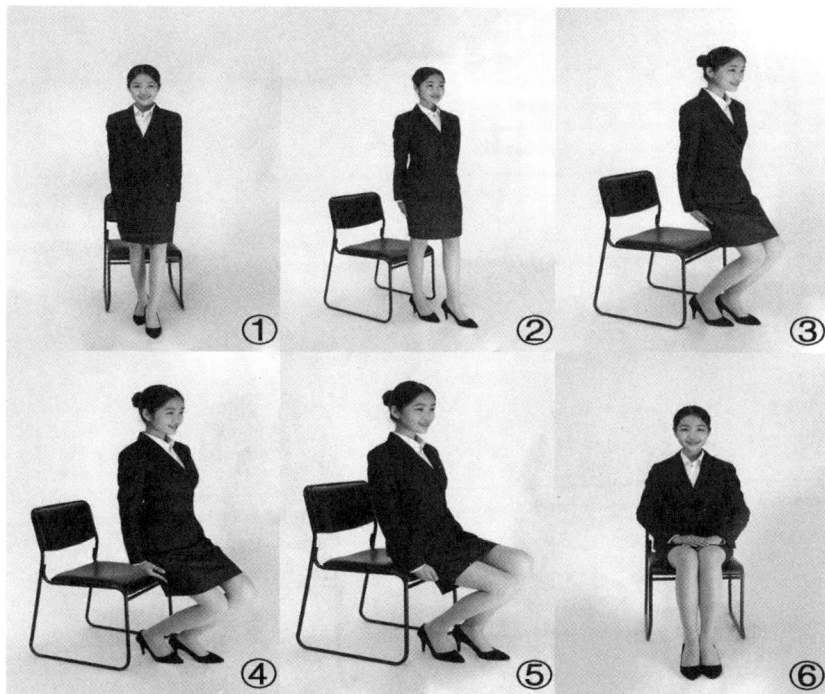

女士落座步骤示例

无论女士坐姿如何变化，有一条原则是不变的，即在任何时候坐下都必须保持双腿膝关节并拢，即使在变换坐姿时双膝也不可分开，在穿着裙装时尤其要注意这一点。

（一）标准坐姿

立腰、收腹、挺胸、双肩舒展并略下沉；颈直、头正、两眼平视、下颌微收；双膝并拢、脚踝并拢、脚尖向前，小腿垂直于地面，跟地面呈90°角；双手交叠（右手在上）自然摆放于大腿上。

（二）侧点式坐姿

在标准坐姿的基础上，双脚并拢，向左侧或右侧平移大约两只脚的宽度，脚尖顺着腿的方向延伸出去，轻轻落于地面。这种坐姿可以使腿部线条看起来更修长。在较矮的椅子或沙发落座时，这种坐姿会使女性看上去更为优雅。

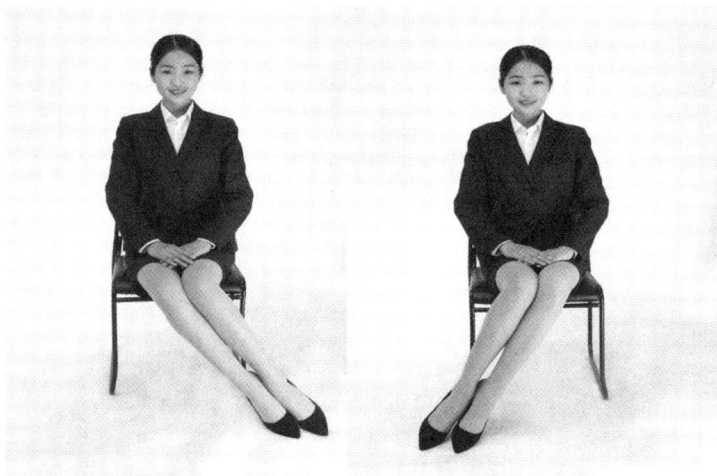

左、右侧点式坐姿示例

（三）交叉式坐姿

双腿在脚踝处交叉，可以在正位交叉，也可以在侧位交叉。

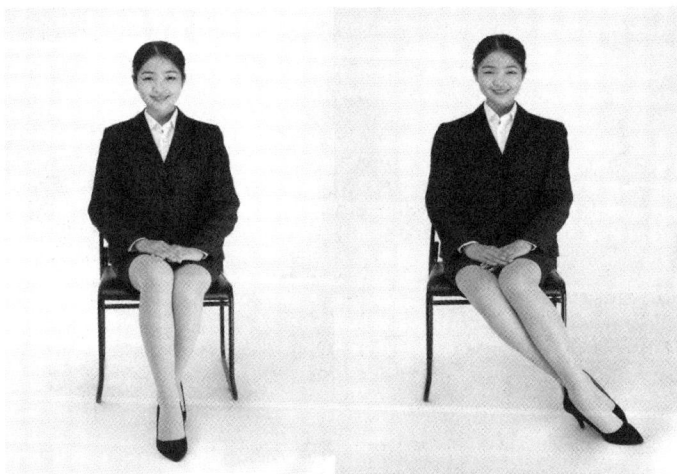

正位交叉式坐姿、侧位交叉式坐姿示例

(四)侧挂式坐姿

在非正式场合,女士可以采用侧挂式坐姿。在侧点式坐姿的基础上,腿关节并拢,将一条腿叠放在另外一条腿上,两小腿要尽量靠拢,脚尖向下压。在非正式场合,侧挂式坐姿比双腿并拢的坐姿更为适宜,侧挂式坐姿更不容易"走光"。

左、右侧挂式坐姿示例

三、男士坐姿

男士入座时要保持轻、慢、稳。不能急急忙忙"噗通"一下坐到椅子上,更不可发出大的声响,这些都是极为不符合礼仪规范的行为。在正式场合,男士坐姿应"坐如钟",四平八稳、阳刚挺拔。

(一)标准坐姿

坐下后,两腿分开不超过肩宽,两脚平放在地面上,肘部自然弯曲,双手分别放在两边大腿上。头正、两眼平视、下颌微收、颈直、双肩舒展并略下沉、挺胸、收腹、立腰。

男士标准坐姿示例

(二)叠腿式坐姿

男士在非正式场合的叠腿式坐姿有以下常见的两种：

(1)将一条腿叠放在另一条腿上。这种叠腿方式常见于仪态较为保守的国家和地区。

(2)将一只脚的脚踝置于另一条腿的膝盖上。这种叠腿方式常见于仪态较为随意的国家和地区。

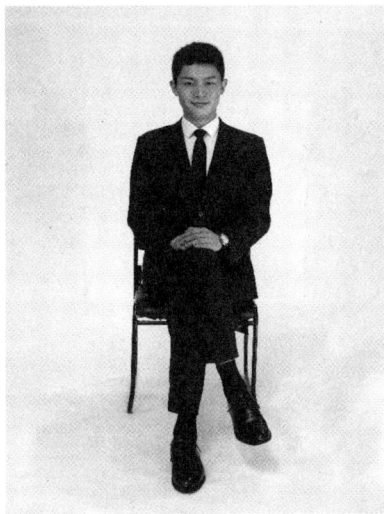
男士叠腿式坐姿示例

四、坐姿注意事项

(1)不可急坐猛起。

(2)不可脚跟落地、脚尖离地，更不可将鞋底对着别人，这是极为不礼貌的。

(3)双腿不可过于叉开或者过长地伸出去。

(4)请尊者、长者先入座时，通常，自身的坐姿不可以比尊者、长者更随意。

(5)坐着时要避免抖腿的行为。

(6)不可在座椅上前俯后仰、东倒西歪。

(7)在社交场合不跷二郎腿。

(8)在公共场合，如图书馆、餐厅等场所，若是想在他人旁边就座，须先征得对方同意，推拉椅子时须放轻动作，不可使座椅发出声响。

(9)与客人交谈时，须坐正。不可摆弄手指，不可将手里的东西不停晃动，不可将手中的茶杯或者物品转来转去或频繁整理身上的衣服，更不可不停地缠绕自己的头发，因为这些小动作都会破坏坐姿的美感。

(10)女士因长时间坐立而感到腿部不适时，可变换腿部姿势，即在标准坐姿的基础上，双腿向右或向左，以侧点式或侧挂式就座。

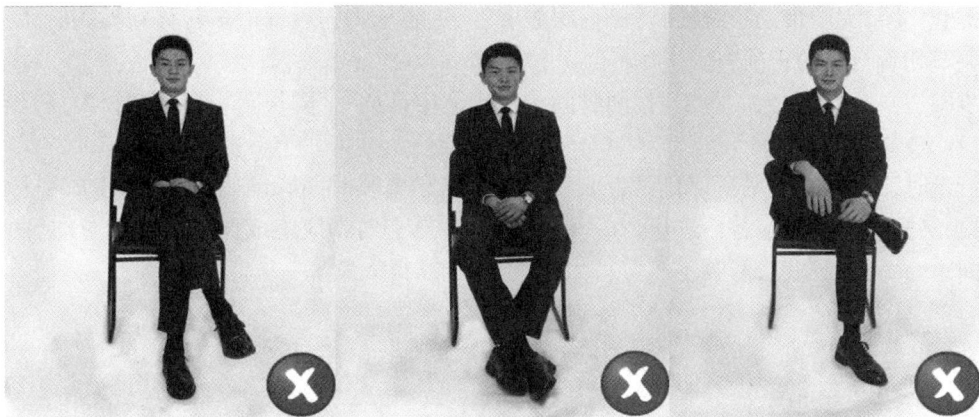

男士错误坐姿示例

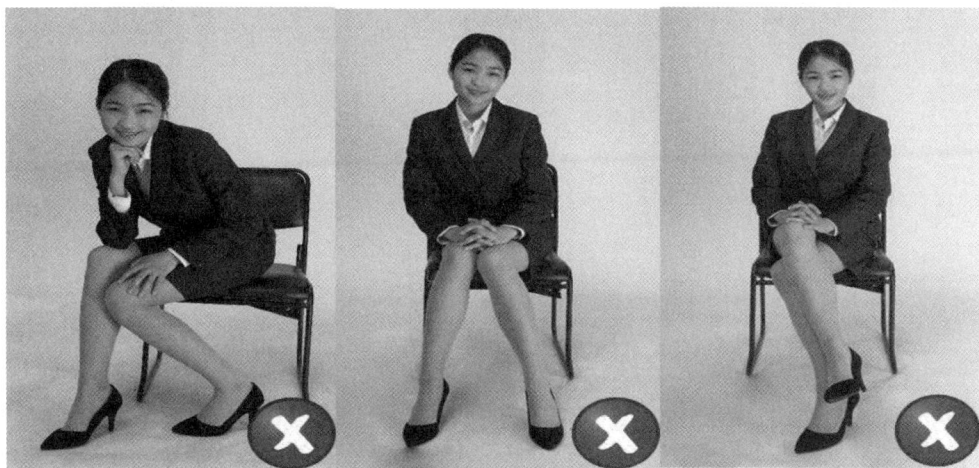

女士错误坐姿示例

第四节 行姿、蹲姿

一、行姿礼仪

行姿即步态、行走的姿势,是人的基本动作之一,最能体现一个人的精神面貌、健康状态以及风度气质。它是站姿的延伸动作,使人在站姿的基础上展现出动态之美。

(一)行姿基本要求

上身挺直,目光平视,下颌微收,面带微笑,双肩舒展。

挺胸、收腹、立腰,使上身挺拔。

双臂自然前后摆动,摆动时,以肩关节为轴,以大臂带动小臂,摆幅以 30°~35° 为宜;肘关节略微弯曲,前部不要向上甩动,后部不可向身体内侧甩动。

　　提髋立腰，大腿带动小腿前行，脚后跟先着地，重心从脚的后部逐渐转移到脚的前部，脚尖与膝关节朝着行进的正前方。

　　步幅适中，不要太大。跨步时，两脚间的距离适中，以一个脚长至一个半脚长为宜，步伐均匀，节奏流畅。

　　行走时，方向明确，尽量使自己走成直线。女士穿裤装时两脚向内侧靠近，走成平行的两条直线；穿裙装时两脚交替行进，走在一条直线上。男士两脚应走成两条平行的直线，两条直线的间距为一脚的宽度，两脚不可分得太开，也不能靠得太紧。

行姿基本要求示例

（二）行姿的基本礼仪

1. 靠右侧行走

　　在人行道、楼梯、校园、医院、图书馆等公共场所，每个人都应遵循靠右侧行进的原则，这样可以避免两人相对而行时，因为需要避让而出现狭路相逢左躲右闪的尴尬局面。

2. 尊者走内侧

　　一起行进时，身边有尊者（如年老者、上级、长辈、女士等）时，应请尊者走在路的内侧（右侧），也就是说把安全和方便留给尊者。

3. 不横冲直撞

如果遇有急事,可以加快步伐,但切忌慌张奔跑,碰撞别人。

4. 不多人并行

几人同行时,特别是路窄人多的情况下,不要勾肩搭背,也不要嬉戏打闹,更不能并肩而行,以免影响他人通行,引起他人反感。

(三)行姿的注意事项

(1)切忌身体摇摆。行进过程中不要摇头晃肩,上半身左右摆动,避免给人带来庸俗、轻佻和无知的感觉。

(2)切忌双手乱放。走路时,两臂前后均匀地随着步伐摆动。在公众场合,不管男女,行进过程中,不能将手插在衣服口袋里,尤其是不可插在裤袋里,也不可双手叉腰或倒背着手。

(3)切忌内、外八字脚。行进过程中,脚尖不要向内或向外,也就是俗称的"内八字步"或"外八字步"。不可弯腰驼背,步履蹒跚。

(4)切忌左顾右盼。行进过程中,双眼要平视前方,不左顾右盼,更不可一边行进,一边指指点点对他人评头论足。

(5)切忌拖泥带水。行进时脚步要干净利落,有明确的节奏感,不可拖泥带水,更不可脚步很重地砸在地面,发出很大的声响。这些都是很不礼貌的行为。

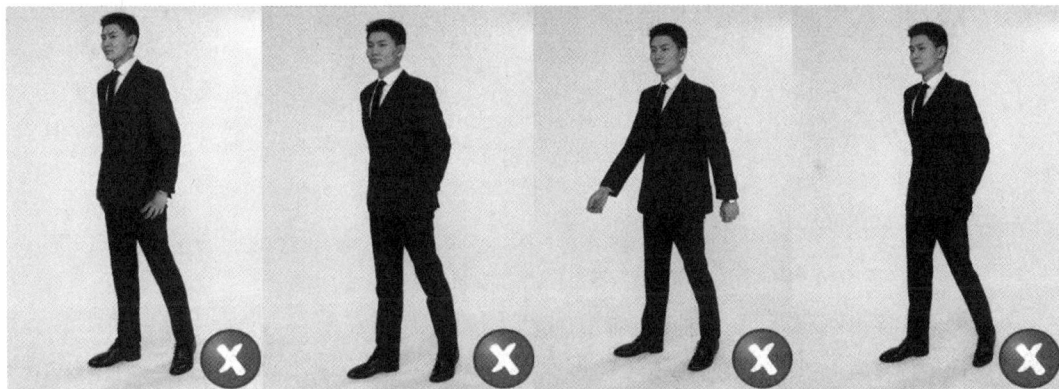

行姿错误示例

二、蹲姿礼仪

蹲姿在日常生活和工作中使用频率相对较少,但即使是一个小小的动作,也应遵守礼仪规范,尽显优雅和知性之美。如果做得不好,也会使自身的形象大打折扣。比如说捡东西时弯腰撅臀会显得很不雅观。

(一)蹲姿的基本要求

下蹲时,动作要慢且稳。上身尽量保持与地面垂直的状态。

两腿一前一后合力支撑身体,以保持身体平衡。一只脚在前,整个脚掌着地;一只脚在后,脚尖着地,重心放在两脚之间。

双手自然交叠，一般右手在上，放于大腿上。男士下蹲后，可将双手分别放于两膝之上。

女士可采用交叉式蹲姿及高低式蹲姿，男士一般仅采用高低式蹲姿。

女士无论采取何种蹲姿，都要将腿靠紧，避免"走光"。

（二）高低式蹲姿

下蹲时，左脚在前，右脚稍稍退后半步。左脚整个脚掌着地；右脚脚尖着地，脚跟抬起。这种情况下，右膝低于左膝，右膝内侧紧紧靠于左小腿内侧，形成左膝高于右膝的状态。

女士采用这种蹲姿前，尤其是穿裙装的情况下，一般先向左转体 30°～45°，然后再下蹲，以避免正面朝向观众从而出现"走光"的情况。蹲下后，两腿内侧一定要并拢，这样做，同样是为了避免出现"走光"的情况。臀部向下，不可撅起。

男士采用这种蹲姿时，两腿可以适度分开，以显出男士的阳刚气概。

男女高低式蹲姿示例

（三）交叉式蹲姿

交叉式蹲姿适合女性使用，尤其是穿着裙装的女士。

下蹲时，以右腿向左腿的斜后方后撤为例，左脚在右脚的左前侧，两手从身后将下装整理平顺的同时，顺势下蹲，使右腿从左腿后面向左侧伸出，两腿呈交叉状态。下蹲后，左脚全脚着地；右脚后跟抬起，脚掌着地。两腿前后靠近，合力支撑身体。臀部向下，不可撅起。

（四）半蹲式蹲姿

这种蹲姿一般在行进过程中，需要临时捡起物件时使用。它的正式程度不如上述两种蹲姿，可在应急时使用。

它的基本要领是身体半蹲半立。下蹲时，上半身稍稍弯下，但不可弯曲背部；双膝稍微弯曲并靠紧；身体的重心应放在其中一条腿上；两脚之间的距离不要分开过大；臀部向下，不可撅起，不然会给人留下不礼貌的印象。

女士交叉式、半蹲式蹲姿示例

(五)蹲姿的注意事项

(1)下蹲捡物时,如果是拾捡身体右侧的物件,应右脚在后;如果是拾捡身体左侧的物件,应左脚在后。

(2)如果女士穿的是低领装,应用一只手捂住领口,以避免"走光",保持女性的体面和优雅。

(3)采用高低式蹲姿时,两腿不可分开过大,不能弯腰驼背,臀部不可高高撅起,特别是穿裙装的女士更应该注意。

(4)在他人身边下蹲时,可以跟他人侧身相向。直面他人或背对他人下蹲,都是不礼貌的行为。

(5)有些人有蹲在椅子上的习惯,但是在公共场合这样做的话,是既不雅观又不礼貌的行为。

错误蹲姿示例

综合案例

在一家中日合资企业内,中日双方约定进行商谈,中方为了慎重起见,特意请了一名日语专业的女学生做翻译,该生无论身材、外貌、专业水平都出类拔萃。在商谈当日,她梳着一头披肩发,磋商如约举行。在磋商过程中,日方向中方提出更换翻译的要求,否则暂停磋商。中方代表不得其解,于是问道:"是不是翻译得不够好? 还是翻译的形象不够好?"日方代表说:"她翻译得很好! 外形也很好! 但她一直晃动身体,以致我们无法集中注意力。"

案例思考题:

1. 该大学生违反了什么仪礼?

2. 该大学生应该如何去做?

本章小结

本章主要介绍了各种身体语言,以及站姿、坐姿、行姿及蹲姿礼仪。通过本章的学习,可以使我们认识到:在日常生活及社会交往中,应该美化自己的仪态,提升自己的气质风度,展示自己的高雅魅力。

复习与思考

1. 在交往中如何把握自己的眼神?

2. 社会交往中常见的手势有哪几种?

3. 对照仪态礼仪标准,检查自己有哪些仪态不符合标准。

4. 每天坚持靠墙练习站姿 15 分钟,长期坚持,养成良好的体态。

5. 与同学相互观察,发现不良仪态后要积极加以纠正。

第五章
日常见面礼仪

通过本章的学习,应达到以下目标;

◆**知识目标**

1. 了解见面礼仪的基本概念,理解见面礼仪的重要性;

2. 掌握见面礼仪中各种礼仪的规范及要求。

◆**能力目标**

能够在各种交往活动中自觉遵守并熟练应用相应的礼仪规范。

◆**思政目标**

1. 通过学习见面礼仪的各种礼仪要求,培养长幼有序的规则意识,体现社会主义核心价值观精神。

2. 强化学生"学礼以修心,习礼以正形,内在正德性,外在正形态的文质彬彬的君子形象和行为习惯",树立职业形象。

在交往过程中,人们往往会凭借第一印象来判断、决定是否与对方继续进行交往。这种第一印象所产生的先入为主的作用,在心理学中叫作"首因效应"。第一印象对我们认知他人有非常重要的作用。

有人曾这样总结:第一印象的总和=55%+38%+7%。它是指第一印象的形成55%取决于一个人的外在表现,包括服装、体型、化妆等;38%取决于人的自我表现,包括说话的语气、语调、声音、体态等;7%取决于口头表达。

因此,掌握交往中的见面礼仪技巧是十分重要的。

第一节　称谓

称谓,主要是指人们在交往过程中彼此之间的称呼语,它表示着人与人之间的关系,也是表达彼此之间情感的一种重要方法。

一、称谓的分类

在人际交往中,恰当地使用对他人的称谓,既可以显示出自身的修养和风度,也表示对他人的尊重。

(一) 尊称

尊称是指对人尊敬的称呼。现代汉语中常用的比如:"您""×老""贵姓"。其中"×老"专指德高望重的老人,一般来讲有如下三种用法:

第一种:姓+老,如"王老""冯老"。

第二种:您+老,如"您老近来身体好吗?"

第三种:双音名字中的头一个字+老,如"望老"(对著名语言学家陈望道先生的尊称)。

(二)泛称

泛称是指对人的一般称呼。其以正式场合与非正式场合来划分。比如见到老师要主动问候"老师好",不能直呼老师姓名,也不可叫老师外号;同学之间可以互相称呼其姓名,也可称"学姐""学长""学弟""学妹"。

(三)通用性称谓

(1)一般对于男士通常称"先生",对于女士则要分清楚其身份,未婚年轻女性称"小姐",已婚女性称"夫人"或"太太",不明婚否者可称"女士"。对于知道其婚姻状况的女子也统称"小姐"(尤其是在涉外场合)。在我国,不论男女都可称为"同志"。

(2)对认识熟悉的人,称谓较为随便,不受限制。同事间,如"老王""小马"等;街坊邻里,如"张大妈""李阿姨"等;对老者,可称"老人家""老伯"等。

(3)对陌生人和初次交往者,按照其身份特点选择称谓。如:称工人为"师傅",学术界、文化界的人互称"老师",在非正式场合根据年纪称"大叔""大妈"等。

(四)亲属性称谓

(1)对自己的亲属注意使用谦语。自己的长辈可称"家父""家兄"等;自己的晚辈可称"舍侄""舍弟"等;自己的子女可称"小儿""小女"。

(2)对他人的亲属注意使用敬语。如"令堂""令尊""令郎""令爱"等。

(五)社交性称谓

(1)职业性称谓。根据对方的职业称谓,可加姓氏。如周老师、刘秘书、李医生、曹律师、司机师傅、导游小姐等。

(2)职务性称谓。特别强调对方的身份,以表示敬意,一般在正式场合使用。如李经理、赵书记、陈处长、王校长等。

(3)职称性称谓。对于有专业技术职称的人士,可以以职称相称。如刘教授、王工程师等。

(4)学衔性称谓。这种称谓一般用于学术研究人员。如张博士、李院士等。

(5)军衔性称谓。如将军、上校、中尉等。

(六)涉外性称谓

(1)对地位较高的官员,一般为部长以上的高级官方人士,按照各个国家的习惯,可称"阁下",如"总统阁下""部长阁下"等,美国、德国、墨西哥等国家一般称"先生"。

(2)在君主立宪制国家,对国王、皇后应称"陛下",王子、公主称为"殿下"。

(3)教会中的神职人员,可称教会的职称,或姓名加职称,或职称加先生。如"拉尔神父""传教士先生""牧师先生"等,对主教以上的神职人员也可称"阁下"。

二、称谓的注意事项

(一)讲究顺序

先长后幼、先上后下、先女后男、先疏后亲。

(二)注意对象

"师傅""同志"是我国除了亲属以外的一种常用礼貌称谓,使用时一定得注意对象,否则适得其反。如在学校见老师时叫"师傅",见到外宾称"同志"等,都不符合礼仪要求。

(三)文化差异

选择称谓要注意对方的个人习惯,入乡随俗。如:我国南方某些地区称农民为"老表";山东等地喜欢称人为"伙计"。

我国对年长者为了表示敬重,称"老",但在西方却是忌讳别人说自己老的。"爱人"一词,在大陆适用于夫妻之间,但在涉外场合,不能随便使用"爱人"一词,因为在西方国家"爱人"是"情人"的意思,不可随便乱用。

(四)其他

(1)不可随便称呼他人的姓名。

(2)不可使用替代性称谓。如用"喂!""下一个""那个谁"来称呼别人。

(3)不用称兄道弟的称谓。如"哥们儿""姐们儿"等。

(4)礼貌得体,不使用外号。

三、称谓的禁忌

(一)错误的称谓

错误的称谓常见的有两种:误读和误会。

(1)误读指的是因对部分字的读音不熟悉而念错姓名,如"仇(qiú)""单(shàn)"。为了避免这种情况,应该事先做好准备,若是临时遇到,则需谦虚请教。

（2）误会指的是对被称呼者的年纪、辈分、婚否以及与其他人的关系做出了错误的判断。如将未婚妇女称为"夫人"就属于误会。

(二)不通行的称谓

有些称谓具有鲜明的地域性,不被广泛使用,如"爱人""师傅""伙计"等。

(三)过时的称谓

有些称谓具有明显的时代性,随着社会的发展变化,已不再使用。如"老爷""相公"等。

(四)庸俗低级的称谓

在正式场合,有些称谓是不能使用的,听起来比较庸俗,档次不高。如"哥们儿""姐们儿""兄弟们"等。

(五)称呼他人外号

要尊重他人。不要随便给他人取外号,更不能随便拿他人的名字开各种玩笑,污蔑他人。

第二节 致意

致意是一种无声的问候礼仪。人们常常采用招手、点头、鞠躬、脱帽等致意形式来表示友好和尊敬。不同国家、不同民族,致意的方式也有所不同。恰到好处地致意,更能表达你的诚意,让对方感到你的真诚和对他的重视。

一、点头致意

点头致意,又称颔首致意,常用于熟悉的人在公众场合中不适宜交谈时;同一场合已见面多次者;遇上多人无法一一问候时,都可采用点头致意打招呼,表示敬意。

点头致意的要求是:目光注视对方,面带笑容,头部向下轻轻一点,幅度不要过大。

二、举手致意

举手致意和点头致意的场合大致相似,举手致意适合与距离较远的人打招呼。

具体做法:举起右臂,小臂与地面垂直,右手掌心面向对方,五指自然并拢,手向左右方向轻轻摆动一两下。与对方距离越来越远时,右臂可向前方伸直。

注意:行举手致意礼时,目光注视对方,面带笑容,不可将手上下摆动,也不可将手背面向对方。

三、注目致意

在升国旗、游行检阅、开业挂牌、剪彩揭幕等场合,要注目致意。

具体做法:立正站好,抬头挺胸,双手自然下垂或贴放于身体两侧,表情庄重,双目正视行礼对象或随之缓缓移动。

四、拱手致意

拱手致意又称作揖,是古代汉民族的相见礼,也是我国现在民间传统的一种见面礼仪。主要适用于在重大节日亲朋好友间的祝愿,向长辈祝寿,参加婚礼、生日等向当事人表示祝贺,初次见面时表示久仰等。

具体做法:行礼时,起身站立,上身直立或微俯,两臂向前伸出,一般右手握拳在内,左手在外,若为丧事,则正好相反(女子动作反之)。双手在胸前高举抱拳,自上而下或由内而外,有节奏地晃动两下。拱手的同时还会伴随寒暄语,如"幸会幸会""久仰久仰""恭喜恭喜""请多关照"等。

五、脱帽致意

戴着帽子的人在进入某些场合,需主动将自己的帽子摘下,以示尊重。比如:进入他人居所,进入娱乐场所,路遇熟人,与人交谈、握手时,或升挂国旗、演奏国歌的情况下。现役军人可以不脱帽,女士在社交场合也可以不摘帽子。

六、鞠躬致意

鞠躬致意,即弯身行礼,主要用来表示对他人的尊敬。比如下级向上级、学生向老师、晚辈向长辈表示由衷的敬意,有时也用于向他人表示深深的感激之情。在某些行业,还用于向客人表示欢迎、问候。

鞠躬致意常见的适用场合有演员谢幕、讲演、领奖、举行婚礼、悼念等,是中国、日本、朝鲜等国的传统礼仪。

具体做法:鞠躬致意时,一般施礼者距离受礼者2米左右,脱帽,呈立正姿势,面带笑容,目视前方,上身弯腰前倾一定程度,然后恢复原状,同时可伴有"您好""请多关照""欢迎光临"等问候语。施礼时,一般男士双手自然下垂,贴放于身体两侧;女士则多采用双手下垂或搭放于腹前的方式。

(一)鞠躬致意的分类

根据不同的场合,鞠躬致意一般分为一鞠躬和三鞠躬。

(1)一鞠躬。上身向前前倾一次,角度为15°~45°。

一般问候、打招呼行礼时前倾15°左右。

迎宾行礼时前倾30°左右。

送客行礼时前倾45°左右。

(2)三鞠躬。上身向前前倾三次,大约90°(适用于传统婚礼、悼念活动)。

(二)鞠躬致意的注意事项

(1)行礼时,为了表示谦恭的态度,目光应向下看,视线落在对方脚尖部位,不可以在弯腰的同时抬起眼睛望着对方。礼毕起身时，目光应有礼貌地注视对方，以示诚意。

（2）在我国，接待外宾时也常使用鞠躬致意。日本人见面一般不握手，而习惯于相互鞠躬。在接待日本人时，要尊重其风格，行鞠躬礼。

七、合十致意

合十致意，即双手十指相合。在泰国、缅甸、老挝、柬埔寨、尼泊尔等信奉佛教的国家和地区普遍使用，我国傣族聚居区和佛教徒也用合十致意礼。

具体做法：两掌于胸前相合，十指伸直，掌尖和鼻尖基本持平，手掌向外倾斜，双腿直立站好，上身微欠低头。行礼过程中，可以面带微笑，并问候对方，但不可手舞足蹈。注意：合十的双手举得越高，越能体现对对方的尊敬，但原则上双手不可高于额头。

八、拥抱致意

拥抱致意主要流行于欧美国家，多用于迎送宾客、慰问或祝贺时，是十分常见的见面礼和道别礼。

具体做法：两人相对站立，上身稍向前倾，各自举起右臂，右手环拥对方左肩，左臂在下，环拥对方右腰，各向对方右侧拥抱，然后再向对方左侧拥抱一次。

九、亲吻致意

亲吻致意，行礼时往往与拥抱礼相结合，是西方常见的见面礼。

行礼时，身份不同、关系不同，亲吻的部位也会不同。长辈亲吻晚辈，适合吻额头；晚辈亲吻长辈，适合吻下颌或面颊；平辈之间，同性适合贴面，异性适合亲吻面颊。在社交场合，男子可以对尊贵的女子亲吻其手指或手背。

第三节　握手

握手，是在相见、离别、友好、祝贺、恭喜或致谢、支持、慰问时相互表示情谊、致意的一种礼节，双方往往是先打招呼，后握手致意。

握手姿态示例

美国著名盲聋女作家海伦·凯勒曾写道:"手能拒人千里之外,也可充满阳光,让你感到很温暖。"握手是一种无声的动作语言,不仅能体现交往双方对对方的态度,也能体现人们的礼仪修养,还能促进人们的交往。恰当地握手,可以向对方表达自己的真诚与自信,也是接受别人和赢得信任的契机。

一、握手姿态

行握手礼时,通常距离受礼者约一步,两足立正,上身稍向前倾,眼睛注视对方的眼睛,表情微笑,伸出右手,手掌垂直于地面,四指并拢,拇指张开与对方相握,上下微微抖动 3~4 次,时间以 3 秒钟为宜,然后把手松开,恢复原状。

男士相握示例

女士与男士相握示例

女士相握示例

二、握手次序

握手的次序一般讲究"尊者为先"原则。

男士和女士之间，女士先伸手，男士再握手；长辈和晚辈之间，长辈先伸手，晚辈再握手；上级和下级之间，上级先伸手，下级再握手；老师和学生之间，老师先伸手，学生再握手。拜访时，来时主人先伸手，表示欢迎、迎客；离去时，客人先伸手，表示道别和感谢。握手时，对方伸出手后，我们应该迅速地迎上去。无论什么人，如果他忽略了握手礼的先后次序而已经伸了手，对方都应不迟疑地回握。

三、握手力度

握手的力度要掌握好，握得太轻了，对方会觉得你在敷衍他；太重了，人家不但没感受到你的热情，反而会觉得你太粗鲁。跟上级或长辈握手时，不要过于用力。跟下级或晚辈握手，要热情地把手伸过去，时间不要太短，用力不要太轻。异性之间握手，女士伸出手后，男士应视双方的熟悉程度回握，但不可用力，一般只象征性地轻轻一握女士全手指部位。

女士在握手时，不要把手平平地、软绵绵地递过去，显得连握都懒得握的样子，这样是非常没有礼貌的。很多女士认为这样握手可以显示出女性的矜持，但实际上这样的握手恰恰暴露了自己的无知、无礼。因此，既然要与对方握手，就应该大大方方地握，把对别人真诚的接纳、尊重的态度表示清楚。

四、握手禁忌

（1）不要用左手与他人握手。

（2）不要在握手时争先恐后，而应当遵守秩序，依次而行。

（3）不要戴着手套握手，女性的晚礼服手套除外。

（4）不要在握手时戴着墨镜，患有眼疾或眼部有缺陷者除外。

（5）不要在握手时将另外一只手插在衣袋里。

（6）不要在握手时另外一只手依旧拿着香烟、报刊、公文包、行李等东西而不放下。

（7）不要在握手时面无表情，不置一词，无视对方存在，纯粹为了应付。

（8）不要在握手时长篇大论，点头哈腰，滥用热情，显得过分客套。

（9）不要在握手时把对方的手拉过来、推过去，或者上下左右抖个没完。

（10）不要在握手后，立刻揩拭自己的手掌，好像害怕被传染似的。

（11）不要拒绝和别人握手，如果有手疾或手部汗湿、脏了，要及时和对方解释说明一下"对不起，我的手现在不方便"，以免造成不必要的误会。

第四节　介绍

介绍是人们开始交往的第一步，是人与人相互认识的桥梁，是人际交往中进行沟通、相互了解、建立联系的基本方式和必不可少的手段。

通过介绍，可以缩短人和人之间的距离，增加亲切感，进而促进交往。在交往礼仪中，介绍主要分为自我介绍、他人介绍和集体介绍三种类型。

一、自我介绍

在交往中，得体的自我介绍有利于人们展示自我、扩大交际范围，有助于社会交往活动的顺利开展。

（一）自我介绍的时机

（1）在交往过程中，与不相识的人进行交往或与他人不期而遇，需建立临时接触时；

（2）在交往过程中，有不相识的人表现出对自己感兴趣或被要求做自我介绍时；

（3）欲结识某人，却无人引见，需自我推荐、自我宣传时；

（4）应聘求职、参加竞选时等；

（5）演讲、发言前等。

（二）自我介绍的内容

在进行自我介绍时，要注意自我介绍的"四要素"，分别是单位、部门、职务、姓名。根据交往场合、交往环境与交往对象的不同，自我介绍的具体内容也应该有变化，有不同的针对性。

1. 应酬式

应酬式的自我介绍最为简洁，一般只包括姓名一项。这种自我介绍的对象，主要是进行一般接触的交往人士，适用于一些公共场合和一般性的社会交往场合。如："您好！我是××。"

2. 工作式

工作式的自我介绍主要适用于工作场合，内容包括自我介绍的"四要素"，即单位、部门、职务、姓名，缺一不可。

3. 交流式

交流式的自我介绍适用于社会交往活动中，是一种刻意希望、寻求与交往对象的进一步的交流与沟通的介绍形式。这种自我介绍通常希望对方认识自己、了解自己、对自己产生兴趣并与自己建立联系。介绍的内容大体包括姓名、工作、单位、籍贯、学历、兴趣以及与交往对象的某些熟人的关系等。如："您好，我是××，是某某学校的音乐老师，和您妹妹××是同学。"

4. 礼仪式

礼仪式的自我介绍常常带有欢迎和致意的意思，适用于仪式、庆典、讲座、报告、演出等正规隆重的场合，是向对方表示敬意、友善的自我介绍方式。内容除了介绍姓名、单位、职务以外，还应适当加入一些敬语、谦辞，以表示对交往对象的尊敬。

5. 问答式

问答式的自我介绍讲究因问而答、有问必答。其适用于应聘、应试、公务交往等场合。

特别注意：在进行第一次介绍时，单位名称要用全称，不可以用简称，以免产生误会。

（三）自我介绍的分寸

1. 把握时间

在做自我介绍时，要力求简洁，时间以半分钟为宜，最多不可超过一分钟。要注意选择合适的时间进行自我介绍，比如在对方情绪好、有空闲、有兴趣、有要求并无其他事干扰时进行，反之则不适合。另外，做自我介绍时还可以加以辅助工具来提高效率，如名片、介绍信等。

2. 内容适度

做自我介绍时要把握一个原则——简明扼要。内容要真实可信、实事求是，既不可夸夸其谈、华而不实，也不可过分谦虚，故意贬低自己。根据实际需要和所处的场合，自我介绍的内容要有针对性，在某些非正式场合，只需让对方能够认识你、能够称呼你就可以了；如果和对方都想有进一步的沟通与认识，则可以进一步补充。

3. 讲究态度

进行自我介绍时，要保持正确的站姿，目光平视，面带微笑，充满自信。态度要自然、亲切、随和、友善，既落落大方，又彬彬有礼，不矫揉不造作。语速适中、吐字清晰、语调亲切，同时注意手势，不要指指点点。

二、他人介绍

他人介绍，即为他人做介绍、介绍他人，又称为第三方介绍。在交往过程中，素不相识的双方往往是通过第三方的引见和介绍才认识的。在充当介绍人角色时，介绍人一定要掌握他人介绍的礼仪规范。

（一）介绍人（第三方）

介绍人的担当人选往往根据场合来确定。

1. 主人介绍

在家庭聚会、宴会、舞会等场合，介绍者应为主人，严格来讲应该为女主人。

2. 专职人士介绍

专职人士介绍一般指的是由专门的公关人员、礼宾人士等进行介绍。比如前台接待人员、秘书等。

3. 对口人员介绍

如果有外人来找你,你是对口人员,你应该把外来找你的这个人介绍给其他人。

4. 最高人员介绍

在某些高级场合,比如接待贵宾时,介绍人应为东道主的最高人员。

5. 熟人介绍

非正式场合,介绍人可以是双方都认识的熟人。

注意:在为他人介绍之前,介绍人一定要先征求被介绍者双方的意见,了解双方是否有结识对方的愿望,应先打个招呼,不要贸然行事,应让其有所准备,以防措手不及。

(二)介绍的顺序

为他人做介绍时,会遇到一个比较敏感的问题,即先介绍谁后介绍谁的顺序问题。根据介绍礼仪的要求和规范,在介绍他人的顺序问题上应遵循"尊者居后"的原则,即"尊者有优先知情权",先把地位低、职务低的一方介绍给地位高、职务高的一方。按照这个原则,为他人做介绍时的顺序一般有如下几种:

介绍女士与男士认识时,先介绍男士,后介绍女士;

介绍长辈与晚辈认识时,先介绍晚辈,后介绍长辈;

介绍上级与下级认识时,先介绍下级,后介绍上级;

介绍地位低的与地位高的人认识时,先介绍地位低的,后介绍地位高的;

介绍同事与客户认识时,先介绍同事,后介绍客户;

介绍同事、朋友与家人认识时,先介绍家人,后介绍同事、朋友;

介绍来宾与主人认识时,先介绍主人,后介绍来宾;

介绍与会先到者与后来者认识时,先介绍后来者,后介绍先到者;

介绍已婚者与未婚者认识时,先介绍未婚者,后介绍已婚者。

(三)介绍的内容

1. 一般式

一般式,也叫标准式,主要介绍双方的姓名、单位、职务等,一般用于正式场合。如:"请允许我为两位来介绍一下。这位是××公司销售部主任××先生,这位是××集团副总经理××先生。"

2. 简单式

做简单式的他人介绍时,介绍者只需介绍被介绍者的姓名一项,也可以只介绍其姓氏,适用于一般的社会交往场合。

3. 引见式

引见式的他人介绍是指介绍者只需将被介绍者引导在一起就可以了,给被介绍者提供一个交流的机会,适用于普通的交往场合。

4. 强调式

强调式的他人介绍是指介绍时往往会强调其中一位被介绍者与介绍者之间的特殊关系,以期引起另一位被介绍者的重视。

5. 推荐式

推荐式的他人介绍,适用于比较正规的场合。介绍者会经过精心准备,然后将某人举荐给另外一人,介绍时会对前者的优点加以重点介绍。

6. 礼仪式

礼仪式的他人介绍,适用于正规、隆重的场合,是最为正式的一种他人介绍方式。介绍时,在称呼、表达、语气上要求更为规范、礼貌和谦恭。

(四)介绍的技巧

介绍人在介绍双方时,身体要直立站好,面带微笑,眼睛看着被介绍人双方,与被介绍双方呈一个三角形站立。

介绍具体人时,介绍者可抬起一只手臂,掌心向上,与地面呈45度角,五指并拢,指向被介绍者。注意不要用手指指指点点或用手拍被介绍者的手臂、肩膀。

介绍人要起到"穿针引线"的作用,语气平和,口齿清晰,注意语言的表达,多使用敬语、谦语和尊称,为被介绍者双方提供必要的信息,有助于双方的了解,使交流更为顺利、和谐。切忌啰唆、重复,更不可因为双方的身份、职位的差距而厚此薄彼,要一视同仁,这是对双方最起码的尊重。

(五)被介绍人礼仪

被介绍者在介绍者询问自己是否有意结识某人时,一般应该欣然表示接受。如果实在不愿意的情况下,应向介绍者说明缘由,取得介绍者的谅解。

介绍者介绍时,被介绍双方均应起身站立,面带微笑,注视对方。如因特殊情况不能起立时,应点头或欠身致意,以示对对方的尊重。

双方被介绍认识后,应相互热情应答,使用"您好""很高兴认识您"等问候语句,并按照合乎礼仪的顺序进行握手或做出其他表示友好的致意动作。

三、集体介绍

集体介绍是指在为他人介绍时,被介绍的一方或者双方不止一个人,可能是许多人,是他人介绍中的一种特殊介绍方式。

做集体介绍时,介绍的顺序可参照他人介绍的顺序原则进行。基本顺序是:介绍双方时,尊者居后,有先知权。介绍其中的各自一方时,则按身份高低(由尊及卑)或按座次顺序(由近及远)进行。

(一)单向介绍

将一个人介绍给大家,也可以称为单向介绍,适合于在重大活动中对身份高者、年长者和特邀嘉宾的介绍。例如在做报告、演讲、会议、会见、比赛时,一般只需要将主角介绍给在场人员。

(二)根据身份、地位的高低

如果被介绍双方身份、地位大致相似,介绍时应先介绍人数较少的一方,后介绍人数较多的一方。

如果被介绍双方在身份、地位上存在差异,身份、地位高的一方即使人数较少,甚至可能只有一人时,仍然要将其放于尊贵的位置,最后介绍。即先介绍人数较多的一方,再介绍身份、地位高的一方。

(三)人数较多的双方介绍

若介绍的一方人数较多,可采取笼统的方式进行介绍。如"这是我的家人""这是我的同学"。

(四)人数较多的各方介绍

被介绍者不止两方时,需要对被介绍的各方进行位次排列,具体方法有如下几种:

以其单位规模排序;

以其负责人身份、地位排序;

以座次顺序排序;

以距介绍者的远近排序;

以单位名称的汉语拼音字母顺序或英文字母顺序或笔画顺序排序。

第五节　名片

名片是商务人员、白领人士随身必备的物品之一,是一个人身份、地位的象征。在社会交往活动中,名片作为一种"自我介绍信"和"社交联谊卡",起着十分重要的作用。

递送名片示例

一、名片的功能（用途）

（一）自我介绍

交往过程中，在口头上略做自我介绍之后，随即递上自己的名片，通过书面的自我介绍加以辅助，对方就会更加了解自己的基本情况，为进一步的沟通和交流奠定了基础。

（二）自我宣传

交往过程中，在与人交换名片时，可借助于名片的帮助，对自己恰当地进行自我宣传，以便更好地扩大交际面，发展更多的合作伙伴，开拓业务渠道。

（三）结交朋友

与人初次会面，希望与之相识、与之交好时，可主动递上自己的名片，架起与人沟通的桥梁。

（四）方便联系

一般名片上的个人信息比较齐全，使人一目了然，方便查找与记录。

（五）通报情况

当自己联系方式有变化或名片上其他信息有改动时，可给对方一张新名片，以告知他人。此外，还有一种通报情况——"拜帖"，即有事求见他人时，为了方便对方了解自己的情况，并使自己免于吃闭门羹的难堪，可先请人转递一张自己的名片给对方。

（六）代替礼单

向他人赠送礼物或者鲜花时，在礼物、花束或花篮中放一张自己的名片，可起到代替礼单的作用。

（七）充当留言

拜访他人而他人不在，或托人办事时，可以留下一张自己的名片，用来代替留言，这也是一种交往的凭证。

二、递送名片的礼仪

（一）做好准备

参加社会交往活动时，要提前准备好名片。名片可用专用名片夹放置，也可放在上衣口袋或公文包里。名片要保持干净、整洁。

（二）把握时机

名片不能逢人就发，递送时要把握好时机，要在必要的时候递送名片，一般应选择初识之际或分别之时。例如希望认识对方时、被介绍给对方认识时和对方提议交换名片时等。

递送名片礼仪示例

(三)讲究顺序

递送名片时一般按照"先客后主,先低后高"的顺序,如:客人先递给主人,男士先递给女士,地位低的人先递给地位高的人,下级先递给上级,晚辈先递给长辈等。不过,假如对方先把名片拿出来,自己也不必谦让,应该大方收下,然后再拿出自己的名片来回赠。

(四)递送方法

递送名片时态度要谦虚恭敬,动作要标准。递送时,起身站立,上身微向前倾,以双手或右手食指和拇指执名片的两角,举至胸前,以文字正面朝向对方,一边自我介绍、一边递上名片。此时,眼睛要正视对方,面带微笑,并附有"请多多关照、请多多指教"等寒暄语,切忌目光游离、漫不经心。切忌用左手递送名片。如果递给很多人,则应按照职务高低、年龄大小"由尊及卑"或者不分职务年龄"由近及远"、按顺时针方向依次递上,切不可跳跃式递送名片。

三、接受名片的礼仪

(一)使用双手

接受对方的名片时,为表示出对对方的尊敬,应暂停手中一切事务,尽快起身,面带微笑,注视对方,用双手的拇指和食指接住名片的下方两角。

(二)表示感谢

接过对方的名片时要表示谢意,多使用谦语和敬语,如"谢谢""请多指教""请多关照""十分荣幸""认识您很高兴"等。

（三）仔细阅读

接过对方的名片后,要仔细认真地从头到尾看一遍,如果是初次见面,最好是把名片上的重要信息、重要内容读出声来。比如对方的职务、头衔可以着重强调,并点头表示尊重和敬佩。当遇到不认识的或者不能确认发音的字,应当礼貌地向对方请教,马上询问其正确读法,这样一方面可以避免失了礼数,另一方面也是使对方觉得受到尊重的一种表现。

（四）回敬对方

礼仪讲究礼尚往来。一般在接受对方的名片后,要注意有来有往,应立即回敬对方一张自己的名片。自己如果没有名片、名片已用完或没带名片,应首先向对方表示歉意,并向对方说明情况。必要时,可征得对方同意,用干净整洁的纸来代替,写下个人资料信息。

（五）收藏到位

看过名片之后要将对方的名片放在恰当的地方,精心收藏,以示尊重。

四、索取名片的方法

在社交场合中,如非万不得已,一般不得向别人索要名片,若确实想得到对方的名片,可以采取以下几种方法向对方索要名片。

（一）交换法

交换法是指主动向对方递送名片,对方则会回赠名片的方法。

（二）询问法

与长辈、地位高的人交往时,可以采用询问法,委婉地索取名片。如"今后如何向您老请教?"对平辈、晚辈或与自己地位相仿的人,可以说:"以后怎样和您联系?"

五、名片交换时的注意事项

（一）自己名片存放时的注意事项

名片要放入专用的名片夹、名片包或放到公文包或上衣口袋中,忌放入下衣口袋,应保持名片的整洁。

（二）出示名片时的注意事项

出示名片时应把握机会,一般是在交谈开始前出示,也可在交谈融洽时出示,还可在握手告别时出示。

（三）接受他人名片时的注意事项

接受他人名片时,切忌不加确认就放入包中;忌放在裤兜、裙兜、提包、钱夹中;忌随手乱扔

（如夹在书刊、材料中，压在玻璃板下，扔在抽屉里）。

（四）忌"批发式"散发名片

名片是一个人身份的象征。在尚未弄清对方身份时，不应急于递送名片，更不要把名片视同为传单而随便地散发，那也是不尊重自己的表现。

六、名片使用时的忌讳

（一）任意涂改

在交际场合，宁肯不给他人名片，也不能给他人涂改过的名片，以免破坏自己的形象。

（二）印两个以上的头衔

名片上不可印两个以上的头衔，如果头衔较多，可以选择其中一两个最主要的、最能说明身份的头衔，否则会给人一种不真实、浮夸、炫耀的感觉。

（三）提供私宅电话

社会交往中，名片作为社交联谊的介绍信，一般只向他人提供办公电话或手机，一般不提供私宅电话。

（四）玩耍名片

不能随便拨弄他人的名片，也不能在他人名片上乱写乱画，这些行为都是不尊重人的表现，极其不礼貌。

> **↗ 小资料**

漫不经心的崔董事长

2000 年 4 月，新城举行春季商品交易会，各方厂家云集，企业家们济济一堂。华新公司的徐总经理在交易会上听说衡诚集团的崔董事长也来了，想利用这个机会认识一下这位素未谋面又久仰大名的商界名人。午餐会上他们终于见面了，徐总彬彬有礼地走上前去，"崔董事长，您好，我是华新公司的总经理，我叫徐刚，这是我的名片。"说着，便从随身带的公文包里拿出名片，递给了对方。崔董事长显然还沉浸在之前与别人的谈话中，他顺手接过徐刚的名片，简单说了一句"你好"，草草地看过，便放在了一边的桌子上。徐总在一旁等了一会儿，并未见这位崔董事长有交换名片的意思，便失望地走开了。

这位崔董事长对于名片这种交往方式太心不在焉了，他没有认识到他的举动对别人是非常不礼貌的，从而使自己失去了多认识一个朋友的机会，也失去了许多潜在的商机。

点评：现代社会，名片交换是重要的交际渠道，它可以向对方表示尊重，也可以增进双方的了解，在任何时候都应引起重视。参加工作的人一般都应该有自己的名片，并且应放在适当的地方以便随时取用。外事交往中，一般不宜向人索要名片。在递送名片时，应面带微笑，用右手或双手执名片,注意名片正面朝着对方,以齐胸的高度递送过去。同时可以说明"请多关照""今后常联系"等。在接受他人名片时,更应体现出对他人的尊重。若对方站立,接受者也应起身,双手或以右手郑重地接过对方的名片,并口中称谢。然后,应将对方的名片浏览一遍,有时需要小声读出。最后,将名片仔细地收藏在名片夹或上衣口袋内。以左手接名片,或接过名片并不看且随手乱放,以及接过他人名片却并不交换自己的名片,都是非常失礼的。在自己没有名片时,可以婉言"对不起,我的名片刚用完"或"抱歉,今天没有带名片"等向对方解释致歉。规范的名片交换是好的交往的开始。

(资料来源:孙玲.商务礼仪实务与操作.北京:对外经济贸易大学出版社,2010。)

综合案例

小张(女),大学毕业后在一家外贸公司担任经理助理。一次,小张接到通知,公司的重要客户李总经理等一行五人要来公司考察洽谈新的合作项目,公司非常重视这次合作,要求小张陪同部门经理去机场迎接前来考察洽谈的李总经理等人。

案例思考题:

如果你是小张,为了给对方留下良好的第一印象,顺利完成这次任务,应该注意哪些方面的礼仪呢?

本章小结

本章主要介绍日常见面礼仪,包括称谓、致意、握手、介绍、接发名片等方面。通过本章的学习,了解和掌握见面礼仪的技巧,可以帮助我们更好地塑造个人和组织的形象,加强沟通,展示出良好的内在修养和精神风貌,增进交往双方彼此的认同感,从而加深友谊。

复习与思考

一、简答题

1. 使用称谓时的禁忌有哪些?

2. 介绍分为哪几种方式?

3. 握手的禁忌有哪些?

二、练一练

1. 以腰为轴线分别进行15°、30°、45°的鞠躬致意练习,注意鞠躬致意与点头致意的区别。

2. 以你作为介绍人为他人做介绍。要注意介绍的神态和手势、介绍的顺序。

3. 训练双手递、接名片礼仪。注意要表现出恭敬的态度。

第六章
言语沟通礼仪

通过本章的学习,应达到以下目标:

◆ **知识目标**

1. 了解运用言语沟通的原则,掌握言谈的技巧和礼仪,了解沟通禁忌;

2. 掌握通信礼仪,学会有效沟通;

3. 掌握谈判及演讲礼仪。

◆ **能力目标**

1. 学会进行有效沟通;

2. 通过学习和练习,提升自己的言语沟通能力,增强自己的亲和力,提高办事效率。

◆ **思政目标**

1. 通过对言语沟通原则、技巧及礼仪的学习,培养学生厚德仁爱、正直善良的个人品德,形成平等、文明、诚信、友善的沟通心态。

2. 通过对有效沟通技能及谈判、演讲礼仪的学习,强化问题意识的培养,培养学生责任感及担当意识,增强互帮互助、协同合作的团队意识。

《论语·子路》中说:"一言而可以兴邦。"马卡连柯在《论共产主义教育》中说:"只要学会在脸色、姿态和声音的运用上能做出二十种风格韵调的时候,我就变成一个真正有技巧的人了。"马卡连柯还说:"声调运用所以具有意义,倒不是仅仅为了嘹亮地歌唱、漂亮的谈吐,而是为了准确、生动、有力地表达自己的思想感情。"

交谈,作为社会交往中最直接、最常用的方法和媒介,一直为人们所重视。掌握交谈的技巧,你可以成为人们乐于结识、交往的朋友;而疏于此道,就会出现"话不投机半句多"的尴尬场面,最终一事无成。

言谈举止能快速、直接地折射出一个人是博学多才还是孤陋寡闻。而人与人之间或多或少的误会都是由于沟通不畅导致的。

所谓沟通,就是人与人之间、人与群体之间思想与情感的传递和反馈的过程,以求思想达成一致和感情的通畅。言语的沟通包括口头语言、书面语言等形式。

良好的言语沟通能力是当代社会一项不可或缺的重要社交技能。在社交中能言善辩、言简意赅，对问题剖析深刻，思维敏捷、应答如流，能够准确、简洁、鲜明、生动地表达自己的意见及情感，会更容易获得成功。只有选择最恰当的方式说话，以使自己的谈吐既符合场合要求，又能顾及交往对象的接受心理，才能最大限度地实现与交际对象的沟通，才能真正了解各自所想，才可以真正解决问题，也可以塑造个人积极正面的社交形象。

第一节　言谈礼仪

我们常常用"能说会道"来形容一个人言语表达能力强，但言语沟通不仅仅是指说给对方听，也不仅仅是指听对方说，它是一个双向互动的过程。一个人如果只会自己口若悬河、高谈阔论是远远不够的，沟通的关键在于给予对方足够的尊重，认真地倾听对方所言，这样才能明白双方的意思，避免出现误会，从而达到高效的沟通结果。

一、表达技巧

俗语有言："良言一句三冬暖，恶语伤人六月寒。"一个人说话时令人舒服的程度，决定着他的沟通效率，展现了他的涵养气度，也同样决定着他的事业高度。因此，我们在与他人进行交流时，需要了解言谈礼仪，掌握言谈技巧，能够清晰又精准地将自己的想法传达给对方。

(一) 准确的发音

在平时的日常生活中，我们需要注意修炼声音的美感。

首先，发音要清晰。与人交谈，我们应该做到发音标准、口齿清晰，并且需要去掉"嗯……""这个……这个……""然后呢……""那个……那个……"等诸如此类口头语的无效叠加；同时，根据与交谈对象的距离、谈话内容的重点、情感的倾诉需求来选择音量的高低，对重要部分运用重音来辅助强调内容的重要性。

其次，语速要适中。在交谈中，我们应该对自己的语速加以控制，谈及重要内容、关键词语时一定要表达得慢、准、稳，讲到不太重要的部分时可以将语速调整得轻快一些。同时，还需根据听话者的及时反馈适度调整自己的语速。

再次，语调有高低。我们在与人交谈时，应该注意讲话的音调，要根据轻重缓急，注意语调的抑扬顿挫，这样才更容易引起别人的注意，从而提高谈话质量。试想一下，如果在整个交谈过程中，一直使用一个音调，则会显得过于平缓，容易使听者产生疲劳，从而不能调动听者的积极性。因此，利用语调的高低可以有效地加强言谈的效果。

最后，语气有差异。根据不同的交谈目的，应该使用不同的语气。比如，对于提供帮助的人，应该用充满感激的语气；对于请求帮助的人，应该用平和、亲切的语气；对于分享成功的人，应该用激动、高兴的语气；对于探讨问题的人，应该用协商、征询的语气；对于屡犯不改的人，应该用严厉、批评的语气。

（二）有效的表达

有的人在与他人交流时，东拉西扯，却不达重点，让对方听得云里雾里，搞不清楚他到底想要表达什么。

有的人觉得自己的事情至关重要，不管场合是不是合适，不顾人前人后，更不管对方情绪如何，只是简单粗暴地想解决自己的问题。这种情况下，沟通的效果可想而知。

因此，与人交流时，应该做到因地制宜、因时制宜、因人制宜。想要做到高效、清晰的沟通，需要在不同的场合，针对不同的对象，采用不同的表达方式，言谈思路要清晰，条理要清楚，详略要得当，重点要突出。

（三）文明的语言

无论是日常攀谈还是正式发言，语言都是交流的工具、思维的载体。重视文明语言、善用文明语言，让语言释放文明、友好的智慧与力量，往往能达到事半功倍的效果。文明的语言不仅能反映一个人良好的思想品德修养和良好的文化素质，而且也能表达对交谈者的尊重程度。措辞谦逊、文雅体现在两个方面：对他人应多用敬语、敬辞，对自己则应多用谦语、谦辞。敬语和谦语是一个问题的两个方面，前者对外，后者对内，外敬内谦，礼仪自行。

在日常生活中，也应经常使用"您好""请""谢谢""对不起""再见"等文明礼貌用语。与他人交流时，多用征询和请求的语气，慎用命令的语气。文明的语言作为人与人沟通的桥梁和润滑剂，会拉近彼此的距离，达成有效的沟通。

我们要避免出现粗话、脏话、黑话、荤话、怪话和气话。这些话很容易让别人对我们产生反感和厌恶，显得不文明、趣味低级，同时，也是有失身份的做法。

二、选择话题

选择话题，就是选择说话的题材。有时我们会觉得与人交谈很吃力，究其原因，可能是对应该选什么话题这个问题有理解上的偏差。一个普遍存在的误解就是，有些人认为只有那些最不平凡的事情才值得进行交谈。

而选好话题会让我们避免无话可说的尴尬局面。在人与人的交往中，有效选择话题，了解哪些话题可谈、哪些问题不能问，可以让交谈的气氛更融洽、交谈更有效。

一般情况下，交谈的话题宜少不宜多，这样既有利于双方就某些问题进行深入讨论，又有助于激发双方的热情，增进了解。

（一）宜选的话题

1.双方约定的话题

双方事先约定的话题，也就是指在正式场合所应谈论的话题，比如征求意见、研究工作、请人帮忙、价格协商、信息传递等。

2.品味高雅的话题

与人交谈时，可以选择内容文明、高雅的话题，如艺术、文学、摄影、茶道、哲学、历史等。这些话题适用于很多场合，可以跟各类人群交谈，但不可不懂装懂或故弄玄虚。

3. 轻松自在的话题

可以找出相对轻松自在的话题，如风土人情、体育赛事、流行时尚、旅游观光等，此类话题适用于非正式交谈，可以任意发挥、畅所欲言。

4. 对方擅长的话题

若了解交流对象在某个领域有研究、有专长或对某个领域感兴趣，可以向对方请教相关的知识或问题。比如跟学者谈治学之道，跟医生聊养生之道，跟企业家聊成功之道，跟作家谈写作之道等。

(二) 忌谈的话题

1. 不妄议政治话题

与人交谈时，不管是在正式场合还是在非正式场合，都应时刻注意在思想上和言谈中与国家、党和政府保持一致。

2. 不谈及国家秘密与行业机密

不管是与本国人士还是与他国友人进行交谈，都需要注意保守秘密，泄露秘密不仅会使自己的个人形象受损，而且会使国家及行业的安全和利益受到损害。

3. 不私下非议他人

"三人成虎"，在现实生活中，有很多人受到过谣言和非议的伤害。在私下议论他人，不仅有悖于事实，而且是一种不尊重他人的行为，会给别人带来名誉上的侵害；对于别人的私事，要做到不在背后妄言，即使了解真相也不该四处散播。

4. 不谈论负面话题

与他人交谈时，要避免谈及低俗、伤感、不愉快的话题，没有人有义务做他人负面情绪的"垃圾桶"，谈论这些话题容易使他人感到反感，产生排斥的想法。

5. 不涉及个人隐私问题

在交谈过程中，应避免谈及跟个人隐私相关的话题，如经济状况、年龄、婚姻状况、家庭住址、个人经历、健康状况、政治立场、宗教信仰等。与人交谈，要注意亲疏有度，"交浅"不可"言深"。

三、交谈礼仪

(一) 态度诚恳

说话的态度是决定谈话成功与否的重要因素，因为谈话双方在谈话时，对对方的表情和神态反应极为敏感，所以，在谈话中一定要给对方认真和气、态度诚恳的感觉。

交谈时，要注意双方的空间距离，不宜过近也不可过远。身体应该微微侧向对方，面带微笑，目光注视时长要占到总交流时长的30%~60%。同时，适度运用手势、表情、声音等来配合交流内容，使交谈更生动有趣。

交谈礼仪示例

避免在交谈时出现不良小动作,如玩手机、看手表、摆弄衣角等,这些动作会让交流对象觉得你漫不经心、傲慢无礼。

(二)礼貌进退

参与别人的谈话之前应首先打声招呼,征得对方的同意后方可加入。相应地,如果他人想要加入己方的交谈,则应以微笑、点头或握手表示欢迎。如果别人在进行个别谈话,不要强行凑过去旁听。如果确实有事需要跟其中的某个人进行商谈,也应等到别人谈完后再去进行交流。

(三)掌握分寸

谈话要掌握分寸。在人际交往中,哪些话该说,哪些话不该说,哪些话应该怎样去说才更符合人际交往的目的,这是交谈礼仪应该注意的问题。总体而言,善意的、赞许的、诚恳的、谦让的、礼貌的话都可以说,而且应该多说;恶意的、虚伪的、训斥的、无礼的、逼迫的话语不应该说,因为这样的言语只会造成冲突,破坏关系,伤及感情。有些话虽然原本是出自好意,但如果措辞用语不当、方式方法不妥,那么,即使是好话,也可能会带来不好的效果。所以,在使用言语进行交际的过程中必须对自己所说的话进行有效的控制,掌握说话的分寸,才能获得良好的效果。

(四)换位思考

交谈是双方思想、感情的交流,是双向活动。如果想要取得满意的交谈效果,就必须顾及对方的心理需求。在交谈中,每个人都希望能够得到对方的尊重和理解。交谈双方无论地位高低、年纪大小,抑或辈分高低,在人格上彼此是平等的。我们不可以盛气凌人、自以为是、唯我独尊,因此,在谈话时,要把彼此作为平等的交流对象,不管是在措辞上、语调上、心理上都要体现出对对方的尊重。尽可能使用礼貌用语,提及自身时要谦虚,谈到对方时要尊重。

我们每个人都有自己独到的思想、见解、审美、生活阅历、人生态度,所以,交谈过程中难免出现分歧。在双方意见不一致时,我们需要多站在对方的立场去思考,找到解决问题的方法,寻求双方都能接纳的解决方案。不能仅仅只是从自我的角度去揣测他人之心,否则极易造成误解,影响双方的正常交往。

四、学会倾听

善言,能赢得听众;善听,才能赢得朋友。在当今社会,我们总是习惯自我表达,但常常容易忽略倾听的重要性。所谓倾听,是指听话者以积极的态度,认真、专注地悉心听取讲话者的陈述,观察讲话者的表达方式以及行为举止,及时而恰当地进行信息反馈,对讲话者做出反应,以促进讲话者全面、清晰、准确地阐述,并从中获得有益信息的一种行为过程。

(一)有效倾听的技巧

1. 充分接收信息

首先,在与他人交谈时,要带着目的去倾听。可以问一问自己,我为什么要与对方沟通?我希望从对方那里了解什么信息? 在理清思路之后,可以更高效地进行交流。

其次,要适应对方的谈话风格。我们需要压制自己的急躁情绪,给身心一些积极的心理暗示,从而调整自己的接受频率,尽量与对方谈话的频率同步。

再次,要做到全身心投入。仅仅用耳朵倾听是远远不够的,还需要全身上下积极配合,共同来捕捉和解读对方所传达的信息。

最后,寻求理解对方。我们需要思考,他为什么会这么说? 他这样说是为了表达什么样的信息、思想和感情呢? 共情能力和同理心使我们能够设身处地地体验他人处境,从而更容易感受和理解对方。

2. 适时适度地提问

首先,提问要适时。如果提问的时机不当,很有可能会使沟通中断,或者达不到最终的沟通目的,同时也会影响对方对你的印象。

其次,提问要适度。如果提问超出了一定限度,容易使对方产生反感,从而影响到沟通效果,所以提问时要做到以下几个适度:

提问的内容要适度;

提问的数量要适度;

提问的语气要适度;

提问的方式要适度。

3. 正确倾听"弦外之音"

(1)判断语言信息和非语言信息的一致性

举例而言,如果交流对象在谈话时一直保持微笑,我们可以根据对方的微笑这一非语言信息进一步综合分析说话人微笑的内涵,是表示赞成呢,还是表示友好? 是掩饰自己的紧张情绪呢,还是偶然想起好笑的其他事情? 这都需要全面、紧密地结合对方说话时的语气、语速、眼神、手势等身体语言来综合分析。

(2)要结合特定背景

例如,一位新进入公司的员工在公司的非办公区域遇到领导,领导很随意地问了一句:"最近工作忙不忙?"对于这样一个简单的问话,该怎样回答呢? 这就需要分析具体的背景。

在这种情况下,新员工可以采用提出问题的方法以确认对方的真实意图。因此,新员工可以先反问一句"请问您有什么事情需要我来做吗?"这样,就可以使领导讲出事情的背景,然后确定如何回答。

4.克制插话

在以下几种情况下,我们需要克制自己想要打断对方表达的冲动想法:

在倾听过程中发现对方阐述的事实存在明显错误或在观点上与自己完全相反;

急于陈述自己的知识或观点;

为了回应对方或恭维对方而需要表述。

(二)倾听的礼仪

(1)应该尽量将谈话的地点安排在一个安静的环境里,减少外界噪声对谈话者和自己的干扰。

(2)消除心理障碍,保持沉着和冷静,不要让情绪和当时的气氛干扰正常的思考。

(3)集中注意力,全神贯注地听,不做无关的工作,把自己的知觉、情感、态度全部调动起来,投入地听,用心去感知对方谈话所提及的情景和内容。

(4)注意听清对方话语的内在含义和主要思想观点,不要过多地考虑对方的谈话技巧和语言水平,不要被细枝末节的问题所困扰。

(5)适度地提问及插话,表明你对对方所谈内容的关心、理解、重视和支持,但不可以打断对方的谈话。如果无动于衷,会让对方感到尴尬和无趣。

(6)如果谈话出现短暂的冷场,可以继续说话者所说的内容,用"为什么""怎么样""如何"等开放式的提问方式提问,要真诚地鼓励和帮助对方寻求解决问题的途径。

(7)关注说说者的神态、表情、姿势以及声调、语气等非语言符号的变化,尽量"听懂"这类非语言符号传递出的信息,这样可以帮助我们快速地获取对方真正的意图和想要的信息。

(8)注意检查自己的体态语言,并结合对方的谈话内容给予适当的反馈,如专注的眼神、关切同情的面部表情、点头称许、前倾的身姿以及发出一些表示注意的声音,以鼓励对方继续讲下去。

五、交谈的禁忌

(一)忌居高临下

不管身份多高、背景多硬、资历多深,在交谈过程中都应该放下架子,平等地与人交谈,不可给人留下"高高在上"的感觉。

(二)忌自我炫耀

在交谈过程中,不要过分炫耀自己的强项、成绩,更不要或明或暗、拐弯抹角地为自己吹嘘,喋喋不休的自我炫耀只会增加别人的反感。

(三)忌口若悬河

如果对方对你所谈的内容不感兴趣或者完全不懂,不可不顾及对方的感受和情绪,始终自己一个人口若悬河、滔滔不绝。这是极其不尊重对方的行为。

(四)忌随意打断

要让对方把话说完,不可轻易打断对方的谈话。不时地打断别人的谈话是极为不礼貌的行为,也是自身缺乏教养的表现。

(五)忌节外生枝

要紧扣话题,不要节外生枝。双方要围绕一个共同的话题谈下去,有的人不遵守这个交谈的潜规则,比如当大家都兴致勃勃地讨论音乐,你突然地改换话题,把足球赛塞进来,这样会使对方反感,甚至使交谈无法进行下去。应该让彼此将意思表达得比较充分之后,再转移话题。

(六)忌举止不端

与人交谈时,姿态要自然得体,手势要恰如其分,不可以用手指随意指指点点,表情管理同样需要注意,不可挤眉弄眼,更不要挖鼻掏耳,以免给人留下轻浮或缺乏教养的印象。

(七)忌心不在焉

当听别人讲话时,要集中注意力,不可左顾右盼,或者面带倦容、哈欠连天,或者面无表情、神情木然,让人觉得索然无味。

(八)忌挖苦嘲弄

当别人的谈话出现了错误或不妥时,不应嘲笑,特别是在人多的场合尤其不可如此,否则会伤害对方的自尊心,也不可对交谈以外的人说长道短。背后说人不好,这样不仅对别人不好,也有损自己的形象,因为谈话者会觉得你在背后也会说他的坏话,会猜测"他在别人面前是怎么说我的?"。更不可将别人的生理缺陷当作笑料——在无视他人的人格的同时,也降低了自己的人品。

(九)忌言不由衷

如果对事情有不同看法,要坦诚地说出来,不要一味附和。不要胡乱赞美、毫无原则地恭维别人,否则,会让人觉得假,缺乏相处时该有的真诚。

(十)忌故弄玄虚

原本稀松寻常的事情,不可以有意添油加醋,传得神乎其神,语调时断时续,或者"卖关子"、玩深沉,让人捉摸不透,如此故弄玄虚,是很让人反感的。

(十一)忌冷暖不均

当几个人一起交谈时,不可仅仅按照自己的风格谈话,更不要按他人的身份而区别对待,热衷于与某些人交谈而冷落另一些人。不公平的交谈是不会令人愉快的。

(十二)忌短话长说

切不可一味沉浸于谈话中,鸡毛蒜皮地"扯"话题,浪费大家的宝贵时间,因为现在大家生活节奏很快,在忙碌之余还要听一个人絮絮叨叨,会是一件令人非常难以忍受的事情。

第二节　电话礼仪

随着 21 世纪科学技术的日趋进步和发达,人与人之间的交流变得越来越频繁、越来越便捷。电话被看作极为便利的通信工具,接打工作电话不仅仅体现了个人的专业素养及职业道德,在一定程度上也反映了所在单位的整体形象。电话礼仪也被看作现代礼仪的基础内容之一。在日常生活和社会交往中,人们通过电话能粗略判断出对方的人格品行、生活习惯、性格涵养、办事能力等。因此,掌握正确、礼貌、适度的电话礼仪就显得尤为重要,可以帮助我们塑造良好的个人形象以及正面的单位形象。

我们现在几乎每天都离不开电话,一天内会高频率地依靠电话来联络感情,沟通、解决问题。打电话看上去很容易,直接对着话筒与对方交谈,觉得跟当面交谈一样简单,实际上,打电话同样需要遵循一定的礼仪规范。

一、电话的基本礼仪

(一)重要的第一声

当我们打电话给他人或致电某单位时,如果电话接通后,就能听到电话另一端传来悦耳、温柔的招呼声,我们的内心会变得柔软而温和,从而使得对话能顺利进行,彼此也会留下较好的印象。只要在电话中稍微注意一下自己的语气,就会给对方留下完全不同的印象。比如,我们用清晰、悦耳的声音说"您好,我是××/这里是××公司",会给对方留下很好的印象。因此,我们在接听电话时,要发好重要的第一声。

(二)保持愉悦的心情

打电话时,即使对方看不到我们,我们依然需要保持愉悦的心情,对方会被我们欢快的语调所感染,从而给对方留下极佳的印象。因为面部表情对声音的变化有影响,所以即使对方看不到我们的音容笑貌,在打电话时,我们也应该保持面部的微笑,抱着"对方正在看着我"的心态跟对方沟通。

电话礼仪示例

（三）清晰、爽朗的吐字

打电话的实质是用声音作为媒介跟对方进行交流，所以在通话过程中，如果抽烟、喝茶、吃东西，都会导致吐字不清晰；甚至，即使是慵懒的姿势，对方也能够"听"得出来。如果打电话时，弯腰驼背蜷缩在椅子上，对方听到的只能是懒散的、无精打采的声音；倘若坐姿挺拔端正，打电话的声音自然会变得充满激情和活力。因此在打电话时，虽然对方看不到，也要调整好仪态和状态。

（四）迅速、准确地接听

现代人的生活节奏都很快，但不管生活和工作多么繁忙，在听到电话铃声后，都应及时地接听电话，最好是在铃响三声之内接听。长时间电话无人接听，或者让对方久等才接听，都是很不礼貌的行为；如果铃响五声之后再接听，应在问候以后就向对方道歉，表达让对方久等的歉意。如果拿起听筒只是"喂"了一声，对方即使不表露不满，也会认为我们不尊重他的时间，在内心留下办事拖沓的不良印象。

（五）简洁、完备地记录

电话交流要牢记 5W2H 原则。5W2H 原则是指 When（何时）、Where（何地）、Who（何人）、What（何事）、Why（为何）、How（如何进行）、How much（多少，做到什么程度？数量如何？质量如何？费用几何？）。尤其在工作过程中，无论是接听电话，还是拨打电话，都需要做到主题明确、言简意赅、条理清晰，5W2H 原则都同样重要。

如果在通话过程中，表意不清晰、不明确，吞吞吐吐，东拉西扯，既显得自己不自信、不专业，又体现了对对方的不尊重和不重视。

二、拨打电话的礼仪

（一）规范通话内容

在国际商务礼仪中，电话礼仪应遵循"三分钟原则"：在工作场合，除非情况特殊，一般工作电话的通话时间应尽量控制在三分钟之内。如果不对通话内容加以准备，一不留神就可能会出现忘记原先通话事项、话题走偏等情况，这样既降低了工作效率，也显得自己极其不专业。

首先，拨打电话前要做好充分准备，可以将对方的姓名、单位、电话号码、职位职务、通话要点做简明扼要的清单罗列，避免通话时条理不清、词不达意。

其次，接通电话后，要先问候对方，接着自报单位、职务和姓名。如果是请人代为转接，一定要记得致谢。通话过程要务实，必要的寒暄之后就应直奔主题，不可絮絮叨叨、模棱两可。

最后，要懂得适可而止。拨打电话时，如果该处理的事情已经得到解决，则应在礼貌道别后，挂断电话，如果仍然反复铺陈、唠叨，会让对方觉得此人做事拖沓、缺乏修养。

（二）选择通话时间

不管彼此之间关系有多熟悉，都不建议在他人休息期间拨打电话，如用餐时、午休时，尤其是晚间睡眠期间。

工作电话尽可能在上班时间内拨打。建议不要在周一上午 9:30 之前拨打,因为经过一个周末,为了对本周做一个详尽的规划,对方可能在周一上午处理很多事务;避免在对方的通话高峰和业务繁忙的时间段打电话;避免在下班前几分钟打电话,对方可能还有事务未完成,或者需要赶单位班车。在对方忙碌时间段打电话,可能会因为忙碌而造成一些失误和遗忘。

工作电话建议不要在早晨 7 点之前以及晚上 9 点之后拨打,会影响到对方的休息;如果对方是上班族,除非紧急电话,建议不要在早晨拨打,因为很多人一大早起床需要准备上班资料、整理仪表、照顾孩子、准备早餐等诸如此类的家庭事务,会很匆忙,此时占用对方的时间,会给对方造成不便;也不要在节假日期间拨打,节假日是家人团聚、享受亲情的温馨放松时刻,拨打电话会打扰对方。

为避免影响他人休息,我们在拨打电话前需要了解各个不同地区的时间差以及各个国家工作时间的差异,尽量不要在对方的休息时间拨打电话;即使对方将家里的电话号码告知我们,我们也不可随意往他人家中拨打私人电话,尤其是工作电话。

(三)注重语言温度

我们打电话是为了双方的交流和沟通,以拉近彼此的距离,联络相互间的感情,解决出现的问题的目的,而电话本身是没有感情色彩的,所以在拨打电话时,一定要赋予电话感情色彩,给予语言温度,力求做到使对方"闻其声如见其人"的效果。

在拿起电话时,我们要用声调表达出笑意和友好。对方不能从电话中看到我们的表情,所以说话时的声调就是接听电话过程中情绪的主要传达媒介。打电话时,声音要时刻充满笑意,比平时自己高兴时还要多的笑意。通话时不可大喊大叫,声音要柔和。

除非通话双方彼此很熟悉,否则在接通电话后,应主动友好地自报家门,并确认对方身份。打电话时要用"您好"开头,"请"字在中,"谢谢"收尾,态度温文尔雅。如:"您好,我是××大学的人事处处长××,请问您是××公司总务处的刘处长吗?"

如果需要找的人不在,不是必须亲口陈述的机密事件,可以请接电话的人转告,比如"对不起,能不能麻烦您转告××……",然后将所需转告的话告诉对方,结束时别忘了向对方道谢,并问清对方姓名。不能直接"咔嚓"一声就挂断电话,这是很不礼貌的行为。即使不需要对方转告,也应该说一声:"谢谢,打扰您了!"

(四)礼貌结束通话

通话结束,放下听筒前,要跟对方说声"再见",这是通话结束的信号,也是对对方的尊重,声音要愉快,听筒要轻放。如果少了礼貌用语,会让人觉得通话终止得很突然,让人难以接受。

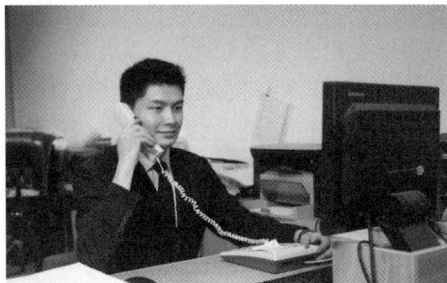

礼貌结束通话示例

结束通话，一般由长辈、领导、女士等尊者先挂电话；如果通话双方的身份地位对等，应由打电话的一方提出，然后彼此客气地道别，说一声"再见"，然后等对方挂掉电话后再挂电话，不能只顾自己说完就自行挂断电话；如果是涉及求人办事之类的电话，应该等被求者先挂电话，求人者再挂电话。

三、接听电话的礼仪

（一）文明接听

接听电话时，也应先自报单位、姓名，如："您好！这是××公司财务部。"对方打来电话时，一般会自己主动介绍。如果没有介绍或者没有听清对方介绍，应主动请教："请问您是哪位？我能为您做什么？您找哪位通话？"声音要清脆悦耳，吐字清晰，给对方留下好的印象。千万不可以拿起听筒直接盘问："喂！哪位？"这在对方听来，陌生而疏远，缺乏人情味。

通话过程中，要认真听清对方的讲话内容，并及时应答，给对方积极的反馈。涉及时间、地点、数据等关键问题时，一定要跟对方复述确认并做好笔头记录，以免挂断电话后记不清楚。

若未听清楚或不明白，要立刻跟对方确认："不好意思，刚才的话我没听清楚，麻烦您再说一遍好吗？"千万不能不懂装懂，更不要擅自揣测对方意思而造成误解。

即使遇到打错的电话，也要礼貌接听。如："不好意思，这里是教务处，不是您要找的财务处，如果需要，请您稍等，我帮您查一下财务处的号码……"遇到打错的电话时，如果立刻粗暴无礼地跟对方说"打错了！"，然后"啪"的一声挂掉电话，会让对方觉得接电话的人没有修养，接电话者所在单位没有规矩，从而有损单位的形象。

（二）代为接听

如果接听电话后，对方要找的不是你，应询问清楚对方是谁、要找什么人，然后说"请稍等"，如果对方找的人就在身边，应用手掩住话筒，轻声招呼他接电话；如果对方找的人不在，应该告知对方，并询问："需要留言吗？我一定转告！"如果需要转告的，一定要做好电话记录，包括来电者的姓名、单位、来电时间、来电内容、是否需要回电、回电号码、回电时间等，等来电话要找的人回来后，立即转交记录；如果无须转告，不可再三追问，以免有打探别人隐私之嫌。

如果需要将电话转接至其他部门，应客气地征询对方意见，是否需要把电话转至处理此事的部门或者其他的员工。例如："真抱歉，这件事是由财务部处理的，如果您愿意，我帮您转接过去，您看可以吗？"

（三）委婉拒听电话

如果身边正好有其他人在场，不方便电话沟通，应该礼貌接听电话，委婉说明客观情况，并跟对方约好下次电话沟通时间。比如"您好，我现在正和王总谈事，待会儿结束后给您回电话可以吗？"或者"很抱歉，我现在正忙，不便接电话，待会儿给您回电话好吗？"不可以不接来电，更不可跟身边其他人炫耀，这样会给人留下傲慢无礼的印象。

四、手机礼仪

进入 21 世纪以来，通信技术越来越发达，手机在全球范围内普及率快速提高，手机的使用也越来越频繁。手机可以用来打电话、发短信、玩游戏、看电影、听音乐、买东西、做研发、查资料、策划方案等。

而无论是在社交场所还是在工作场合,毫无节制地使用手机,都会导致很多失礼的行为发生,手机礼仪也越来越受到关注。使用手机时,除了应遵循座机电话使用礼仪之外,还应遵循手机使用的礼仪规范。

手机使用礼仪示例

(一)手机的放置

手机要放置于合适的地方。

一切公共场所,在手机不被使用的情况下,都要将其放于合乎礼仪规范的位置,不要将手机一直拿在手里、挂在胸前、揣在裤子口袋里或者别在裤腰上,这些行为都是不雅观的。

可以将手机放在随身携带的公文包里,这是最正规的放置位置;也可以将手机放在上衣的内袋里;还可以放在其他一些地方,如手袋里。

需要注意的是,在面对面与客人进行正式交谈时,不可将手机放置于前方的桌子上,否则对方可能会认为你不重视这次交谈。

(二)铃声的设置

随着手机不断地更新换代,手机的功能不断增多,手机的铃声也是多种多样。所谓"穿衣戴帽各有所好",使用个性铃声未尝不可,但无论是手机来电时的外铃音,还是对方等待接听时的内铃声,都从一定程度上反映了一个人的审美品位、修养情操、个人喜好等。如果铃声设置得不合适,不仅是对他人的不尊重,也会破坏自身的形象。因此,最好不要设置搞怪、声音很大或者具有刺激性的铃声,如鸡鸣、犬吠、恐怖声音、低俗歌曲等。

在公共场所,尤其是相对比较安静的图书馆、会场、教室、展馆、美术馆等场合,手机铃声的设置直接可以体现使用者遵守公共礼仪的程度。在安静的公共环境,减少对他人的不良影响是每个成员应有的基本礼貌和义务,应将铃声音量尽量调小,最好选择静音模式或振动模式。

(三)使用的场合

在公共场所,比如影院、剧院、电梯、路口、人行道等地方,不可使用免提功能接听或拨打电话,也不可在接电话时大声喧哗,更不可以不顾形象地大谈私事,这样做不仅会对环境造成干扰,也会影响他人,是极为失礼的表现。如果必须回复,可以采用静音的方式发送手机文本信息,或者走到外面空旷无人处尽可能压低声音。

在会议上,尤其是在跟别人进行业务洽谈时,最好的方法是将手机关机,或者调至静音或振动模式。这样既表示了对对方的尊重,也不会因为不约而至的手机铃声打断发言者的思路。

在餐桌上,尤其是出席重要的宴请活动时,应将手机关机或调至静音或振动模式,以避免高朋满座、吃兴正浓的气氛被铃声打断。

在给对方打手机时,应根据听筒里传来的声音判断对方是否方便接听电话,比如听到噪声后大抵可以判断对方有可能在室外,那么就不太适合谈非常重要的事情。但即使在此种情况下,是否通话还是由对方来决定为好,所以"请问您现在通话方便吗?"通常是拨打手机说完问候语之后的第一句问话。因为在未有预约和不熟悉对方的前提下,很难了解对方何时方便通话。如果对方未能及时接听电话,建议不要一直持续拨打,可以等待对方回电,因为很可能对方在开会、开车、上课等,不方便接听。

(四)手机使用的注意事项

在与他人聚会时,最好放下手机,尽可能进行面对面的交流,而非一堆人坐在一起各自玩手机,那样会影响人与人之间的感情。

建议手机设置相对复杂的密码,并且最好不要将重要信息存放于手机里。很多人都会将自己及亲朋好友的照片、工作文档、业务往来的资料、银行账户等各类主要信息存放在手机里。一旦手机丢失,会造成很多不必要的麻烦。

在发送短信时,对短信内容的编辑,应该和通话礼仪一样重视,须使用礼貌用语,内容应简明扼要。

在全民手机拍照时代,很多人喜欢用手机随手拍,即时将未加任何处理的照片发布于各类社交应用软件及平台。未经他人许可,将对方拍入照片中并公开发布,这种情况轻则令人讨厌,重则侵犯他人肖像权及隐私权。

第三节　文书礼仪

文书礼仪是指人们在人际交往中通过书信、电子信函、微信等通信方式用文字语言进行通信、联络时所应当遵守的礼仪规范。文书礼仪的基本原则是保持联络以及有效沟通。在人际交往中,应与自己的交往对象保持各种形式的有效联系,以便进一步增进理解和沟通。

一、书信往来

书信是人们相互交往、发展关系、联络感情的一种形式,既要讲究修辞、文法,又要讲究文明礼节、礼貌。日常通信中,如果能够熟练使用书信的格式、用语,就显得高雅,给人一种美的享受。中国是礼仪之邦,文化历史悠久,尤其是与海外侨胞通信往来中,注重通信格式和用语显得格外重要。

(一)信文的写作

1. 信文的开头

第一排通常顶格写称谓,后加冒号,表示尊敬。称谓应当符合对方的身份,总的原则是长幼有序、礼貌待人、大方得体、因人而异。如对于父母用膝下、膝前,对于长辈用尊前、尊右、前鉴等。问候语可以在称谓后面接着写,也可以另起一行,空两格写。二者都是独立成行成段。

2. 信文的中段

首先,要先询问对方的近况,以示关心;再回答对方上封信所提及的问题,或是对此事的见解及计划安排;最后,陈述自己对对方的祝福和希望。叙述要条理清晰,内容要集中聚焦,要分行清晰、分段合理。

3. 信文的结尾

(1)结束语可以在中段的后面接着写,也可单独成行。

(2)祝福语可以在结束语后面直接写,也可分两行来写。

(3)附问语通常是对收信人身边之人的问候,需要另起一行写。

(4)补述语。在信文末尾另行补注,除非事实上的需要,否则应避免出现。对于内文未述及而必须补充的事情,可在署名之后,另起一行书写,称为"补述语"。

(5)附件。一般公务信函往来中,往往会夹上一些附属文件。

(6)落款。包括写信人的姓名和写信人与对方的关系。

(二)信封书写的注意事项

字体:应力求工整,不可潦草,尤其是给长辈写信时,最好用正楷书写。

地址:收信人地址及寄信地址均应书写清楚,不可省略,尤其是寄挂号信及限时专送信件时,寄信人应将地址、姓名详细写明,以备无人收信时退回,避免误事。

姓名:收信人姓名应写在信封上长方形框格内,首字不可低于收信人地址的首字。寄信人姓名亦应写明,尤其是挂号信及限时专送信件。不过一般平邮信件多将其简化,只写姓。

收信人称呼:书写收信人称呼,可视收信人的身份而定,如"老师""同学"等,对于政府官员及具有相当社会地位的人,应把收信人的官衔及职称与姓名一并写出。

(三)通信技巧

1. 写信人的"五C法则"

第一个C(Courteous),是指注意礼貌;第二个C(Clear),是指叙述要清楚;第三个C(Concise),是指语言要简明;第四个C(Complete),是指内容要完整;第五个C(Correct),是指书写要正确。

2. 收信礼仪

(1)收到别人的信后,要及时回复信件。

(2)收到别人的信后,要认真仔细地阅读信件。别人所托之事,能办就办,不能办也需及时给对方回复。

（3）认真妥善地收藏别人的信件。

（4）对别人信件中所涉及的内容，要注意保密，不可对外大肆传播。

二、电子信函

这里所说的电子信函是指电子邮件、传真等利用电子媒体传递的信息。

（一）电子邮件礼仪

1. 主题

主题是接收者了解邮件的首要信息，需要提纲挈领。使用有意义的主题，可以让收件人快速了解邮件内容并及时判断其重要性。

（1）要有主题，一定不能出现空白主题，这是最失礼的行为。

（2）主题要简明扼要，不宜冗长，千万不要长到邮箱工具只能用"……"来显示。

（3）主题要能真实反映邮件内容及重要性，不可使用含糊不清的标题，如"张教授收"。

（4）一封信尽量只针对一个主题，不应在一封邮件内谈及多件事情，以便日后归档整理。

（5）可适当使用大写字母及特殊字符，如"！""＊"等，以引起收件人的重视，但要适度，尤其是不能随便使用诸如"紧急"之类的字眼。

（6）回复对方邮件时，可以根据回复内容需要更改邮件主题，不要重复使用 RE 前缀。

2. 称呼和问候

俗语有云，"礼多人不怪"，礼貌一些更容易让人觉得舒适，即便邮件中有些不妥，对方也能平静地看待。

（1）恰当地称呼收件人

邮件的开头要称呼收件人。这样做既显得有礼貌，又可以明确提醒收件人，此邮件是面向他的，希望其能给予必要的回应；如果有多个收件人，可以称呼"大家"或者"All"。如果对方有职务，应按职务尊称对方，如"××院长"；如果不清楚对方职务，可以按照惯例称呼"×先生""×女士"，但需要先确认对方的性别。

在很多外资企业有称呼英文名字的习惯，但对于不熟悉的人最好不要直接称呼其英文名，对级别高于自己的人也不宜称呼其英文名。称呼全名也是不礼貌的。也不可跟谁都使用"Dear ××"，显得似乎很熟络的样子。

（2）邮件开头及结尾最好有问候语

最简单的开头是写一个"您好"，或者用英文写一个"Hi"；结尾用中文写一个"祝您顺利"或者用英文书写"Best Regards"就可以了。

3. 邮件正文

（1）简明扼要，行文通顺

邮件正文应简明、扼要地将事情陈述清楚；如果具体内容的确很多，正文部分应只做摘要介绍，然后单独写个文件作为附件进行详细阐述。

邮件正文行文应通顺，多用简单词汇和短句，准确、清晰地表达，不要出现晦涩难懂的语句。

（2）注意邮件论述语气

根据收件人跟自己的熟悉程度、等级关系，邮件是对内还是对外性质的不同，选择恰当的语气进行陈述，以免引起别人的误会。

多用敬语和谦语，尊重对方，"请""谢谢"之类的语句要经常出现。

（3）条理清晰，逻辑明确

如果事情复杂，正文部分最好用1、2、3、4之类的列表或罗列几个段落进行清晰、明确的说明。确保每个段落简短、不冗长。没有人希望看到没有分段的、逻辑不明确的长篇大论。

（4）一封邮件陈述一个完整信息

最好在一封邮件中把相关信息全部陈述清楚，说准确，说到位。千万不可等邮件发送之后隔一两分钟再发一封"补充"或者"更正"之类的邮件，这样的行为会让人产生反感情绪，也会觉得发邮件的人不够专业、认真。

（5）避免拼写错误

在写邮件的过程中，应尽量避免拼写错误及错别字，这是对别人的尊重，同时也是自己职业态度的体现。如果是中文邮件，需要留意输入法自身的一些低级同音拼写失误；如果是英文邮件，可以将拼写检查功能打开，以便及时自查。

（6）适度提示重要信息

不可动辄就用大写字母、粗体斜体、颜色字体、加大字号等方法对一些信息进行提示。

合理的提示是必要的，但如果一封邮件中出现太多的提示，则会让人眼花缭乱，没法抓住重点，从而影响阅读。

（7）适当的辅助阐述

当前，我们在一个信息高度发达的社会环境中，因此，在写邮件的过程中，对于很多带有技术介绍及讨论性质的邮件，单纯以文字形式很难描述清楚，如果能合理地运用各类图片及图表来进行辅助说明，那么邮件沟通将更为高效。

4. 附件

（1）如果有附件，需要在正文部分提醒收件人查看附件。

（2）附件文件应按有意义的名字命名，最好能够概括附件的内容，以方便收件人下载后管理。

（3）正文中应对附件内容做简要说明，特别是带多个附件时。

（4）附件数目不宜超过四个，数目较多时应打包压缩为一个文件，以方便收件人下载查看。

（5）若附件是特殊格式的文件，应在正文中说明打开方式，以免影响使用。

（二）传真礼仪

传真机是远程通信方面的重要媒介，因为比较方便、快捷，在日常工作和商务交往中被广泛使用，因此在起草传真文件时要尽量做到简明扼要、条理清晰、操作规范、文明有礼。

1. 完整性

在发送传真前，应注意检查是否标注了本单位的名称、发件人的姓名、发送时间及发件人的联系方式。同时，还需为对方标明收传真的人的姓名、所在单位、所在部门等相关信息。

2.清晰度

发送传真应尽量使用清晰的原件,避免出现收件人看不清楚传真内容的情况。

3.篇幅小

传真一般不适用于页数较多的文件,因为传真费用较高,且占用传真机时间过长也会影响到他人的工作。

4.使用时间

在发送传真前,应先电话告知对方。如果不是紧急情况,未得到对方允许,不要将发送时间设在非工作时间,这是非常不礼貌的行为。

5.行文风格

书写传真时,在语气和行文风格上,应做到简明扼要、条理清晰、文明有礼。书写传真信件时,要遵守写信的礼仪,如称呼、签字、敬语等均不可缺少,特别需要注意不能缺少信尾签字,只有在信尾签字才能表明这封信函是发信者同意的。

6.及时回复

如果传真机设置为自动接收的状态,那么,发送方应该尽快通过其他方式跟收件人取得联系,以确认对方是否收到传真。收到传真的一方也应该及时给予回复,避免因为任何的疏漏导致文件的丢失。在重要的商务沟通中,任何信息的丢失都可能造成时间上的延误,甚至影响到合作业务的成败,所有细节都不可忽视。

(三)手机短信的礼仪规范

(1)应有事才发、需要才发,并坚持有收必复。

(2)要文明使用,开会或跟别人交谈的时候,接发短信都不合乎礼仪规范。

(3)要署名使用。署上对方的姓名,是为了表示尊重对方。署上本人的姓名,则是为了说明该信息来自何人何处。

(4)对于一些重要的约会,可以用手机短信委婉提醒对方,这样做比起多次电话提醒要礼貌得多。但需要注意的是,在发短信前一定要进行电话或当面的邀请或者确认。

(5)如果转发短信,一定要注意内容,带有不健康、调侃、恶作剧、诅咒等内容的短信一定不要转发。

(6)用短信回复短信。不要用电话来回复短信,因为如果对方想跟你通话,他会直接给你打电话,而不是发短信。如果贸然回复电话,而对方不方便接电话,那么很可能会导致彼此尴尬。

三、微信礼仪

如今是全民手机时代,微信24小时登录。在职场中,微信的使用范围越来越广泛,它起着上传下达、沟通业务、联络感情的作用。在工作单位大家有很多微信群,如项目组、行政群、临时组建的群等。在职场中用微信交流一定要注意以下几个方面:

（一）微信工作群的注意事项

1. 慎用截屏功能

截屏功能虽然方便快捷,但如果将两人聊天的界面直接截图转发给第三人或者直接将截图内容发在微信工作群是非常不妥的行为。截屏是与职业礼仪规范背道而驰的。因此,在职场上使用微信截图需要格外谨慎,不可随意截图取证,更不可随意暴露给他人。

2. 及时回复信息

看到他人发来的信息,不论能否解决问题或者明确答复,起码可以回复一句"收到",让对方放心。这不仅是人际交往最起码的礼仪,更是一种态度,让对方感知你的重视和在乎。若是上级发的通知,可回复"收到";如果是部门同事的告知,可以回复"知道了";对下级的汇报应该回复"好的,辛苦了";客户跟同事对接的项目有了新进展,在群里公布好消息,要赞美回应;发一些可爱、友好的表情,不要等所有人表态后你才有反应,这样和开会迟到的效果是一样的。如果确实没有看到通知,如在上下班路上、比较嘈杂的环境里,收到消息后应加以解释,比如"收到,刚才在开车",再"@"发通知的人。

3. 言行要符合微信群的氛围

讨论工作时要认真,开玩笑时要随和。工作群内有两种行为是不合适的:一种是一直刷屏的,尤其是一直在工作群发各种不合时宜的表情包的;另一种是一直沉默的,群里已经相当活跃,他依然默不作声,好像不存在似的。这种高冷的态度不适合工作群,别人会误认为对工作漠不关心。正确的做法是把工作群当作开会的会议室,在需要发表工作建议的时候发一段完整的话,充分表达自己的看法;如果领导发了红包,大家都在抢红包,一起聊天,也要适当参与几句,而且要得体,就当开会中场休息。

4. 尊重领导

在一个合作的项目群里,如果有其他项目的成员,除了要表达得体、友好之外,还要尊重领导。在重要事项的表态中,要让自己的领导先发言。出现让领导尴尬发言的情况时,可适当活跃气氛缓解尴尬。

5. 慎用表情包

私人化、真人截图等比较特殊的表情包,一般只适用于比较私人化的交际圈。如果在工作群里使用,可能会导致一些人产生误解。如果工作群同事年龄差异大,则不适合用各种怪异的或者特立独行的表情,虽然你只是想活跃气氛,但实际上会造成负面影响。

6. 不处理过于复杂的问题

处理对公事务时,准确和效率是非常重要的。微信的即时性虽然提高了工作效率,但缺乏了严谨性。对于复杂事务,不管是书面上的长篇大论还是长谈,都非常容易出现误解和误判,建议电话联系或者面谈为佳。

7. 遵守职场规则

建立工作群的主要目的是方便工作沟通,其感情交流功能相对弱化很多。因此,在微信工作群里聊天,如果不是工作必要,一定要懂得适可而止。同时,不可随意拉跟工作无关的陌生人进群,以免泄露工作秘密。邀请他人进群前最好先私下征得群主或管理员的同意。

（二）微信一对一汇报工作时应注意的事项

1. 微信汇报工作的时机

某项工作需要及时告知对方，但并非特别重要、紧急的工作，应该当面汇报；十分紧急的需要及时电话汇报。有时情况须及时告知的，比如领导需要了解工作进展，而你在下班前未完成，领导已经离开了，你在事情完成后，可以用微信说明情况；有些工作需要及时与领导请示沟通的，用微信请示、沟通；还可以用微信与外地客户沟通工作等。

2. 以微信文字和语音汇报工作

以文字汇报工作优点在于言简意赅，突出重点，一目了然。切忌将一件事分成几段说，一件事情应尽量在一个微信段落中说清楚。发送完后要等待回音，如果对方没有及时回复，不要多次催促对方，很有可能对方正在思考或是忙于其他事情。特别是在工作时间之外，不要反复催促。如果是需要立刻解决的紧急事件，应该用电话汇报处理。

用语音沟通比较快捷，因为打字比较慢，文字没有感情，容易产生歧义。语音是有温度的。发语音时每句话都要表达完整，不要连续发多个短语音，会显得不尊重对方。一段语音只说事情的一个方面，这样更易清晰表达。表达好自己的意思就暂停，等待对方的回应。不要一下子发出三段以上的语音。语音适合汇报简单的工作。发送语音的场所要安静，按下语音键后，稍作停顿再说话。很多人发出去的语音第一个字都会缺失，语意就没那么完整。语速要稍微慢一些，不能太快。音量控制也比较重要，对着手机话筒的位置，应保持5~10厘米的距离说话，太近的话呼吸声会进入音频，还很容易产生破音，影响声音的清晰度。

紧急内容用语音，复杂工作用文字，用语音还是文字还需根据对方当时的情况和平时的喜好来选择。可以根据领导和客户平时使用文字多还是语音多来选择对方偏好的沟通方式。如果领导跟客户在开会，那么就不适合用语音沟通，用文字沟通比较合适。如果领导和客户在开车途中，查听语音信息就比较方便。对方发来语音信息时，也要用语音来回复；对方发的是文字信息，也要用文字回复。不方便用文字或语音时，要向对方说明情况。

第四节　网络交流礼仪

现代社会网络科技飞速发展，网络的普及已经渗透到社会的方方面面。网络信息化使我们的学习与生活更加高效与便利，也为我们提供了第二社交空间。对于平行于现实社会存在的网络空间而言，社交礼仪所涵盖的范围显得更为宽泛。

真实世界中，人与人之间的社交活动有不少约定俗成的礼仪规范，这些礼仪的大部分内涵能够延伸至网络空间。同时，在互联网虚拟世界中，还有一套不成文的规定及礼仪，供互联网使用者遵守，这就是网络礼仪。

网络礼仪又称网络礼节，是指网民在网络社会活动中自觉形成的被道义认可的礼节、仪式和行为规范。网络礼仪属于网络道德范畴。

一、网络交流的基本原则

网络技术的快速发展和广泛应用,为人们的社会活动和信息交换提供了崭新的数字化平台,创造出网络空间这一新的社会空间。网络空间虽然不同于传统的社会空间,它源于现实世界,是现实社会的多维体现,是社会生活的数字延伸,在这里人们的社会生活和存在方式被数字化重构,但网络空间仍然是现代社会的一部分,在现代社会中应当被遵守和尊崇的法律法规以及道德规范同样适用于网络空间。

(一)遵纪守法

虚拟性、开放性是网络空间的重要特征,但虚拟不是虚幻、虚假,也不是对现实的简单数字化模拟;开放不是无法、无序,也不可随意乱来。从本质上看,网络空间是现代社会的一种新形态。网络空间无法独立于社会与人之外,不能离开现实主体。网络空间的主体是现实生活中的人,依然要为自己在网络空间的行为承担应有的法律责任。

为此,我国已先后出台多部法律法规,以《中华人民共和国网络安全法》为主体法律,并在《中华人民共和国刑法》《中华人民共和国民法通(总)则》《中华人民共和国侵权责任法》《合同法》等法律中有相应的规定,同时有三十多个条件、决定、答复对网络管理与安全发挥规范与调整作用。

总的来讲,网络并非法外之地,要倡导网络礼仪的先决条件就是要符合相关法律法规的要求,做到依法守法、普法倡法。

(二)入乡随俗

入乡随俗是指到一个地方,就顺从当地的习俗。正如在现实生活中"入乡随俗"一样,我们进入网络空间也应该按网络的"习俗"行事,与人友好相处,这是起码的道德要求。

在网络空间中有不同的功能区块和讨论群组,而每一个区块或群组都有自己独特的群内规则、交流风格,有些规定和规则是公开的、可见的,有些则是成员之间长时间潜移默化而形成的无形规则,需要我们通过一定时间的观察和感受才能获知。如果我们新加入一个虚拟群组,在没有完全了解这个群组特点的时候就贸然发言,甚至发表有悖于这个群组价值观的言论,就极可能引起群组内其他成员的不满甚至反感,进而被群组冷落,甚至会被禁言或驱逐。

在论坛中也是一样,在一个论坛宜做的事情在另一个论坛可能不宜做。比方说在一个游戏交流论坛留言就时政表达观点是不适宜的。

因此,当我们来到一个新的网络空间时,一定要先了解这个群组的规则和风格,熟悉群组内成员之间的交流习惯,然后再发表自己的观点。

(三)尊重他人

互联网的即时聊天工具(比如 QQ、微信、WhatsApp 等)和交流平台(比如微博、推特、朋友圈等)给来自不同国家、不同民族、不同年龄的人们提供了一个人人参与、顺畅沟通的平台,让五湖四海的我们瞬间成为"朋友",这是高科技的优点。但它也会使有些人觉得自己面对着的仅仅是一串串字符,而忘了我们实际上是在跟一个个真实存在的人进行交流,从而放松了自我约束,降低了道德标准,进而做出在正常生活中不太敢做的事,说出在平时场合不好意思说出的话,甚至无意之中影响到别人的正常生活。

所以,为了构建一个和谐融洽的网络空间,搭建一个健康有益的网络交流平台,我们应该尊重网络上的交流对象,树立公德意识,为虚拟交流平台上的所有人的利益着想,不能放任自我,随意发帖、随意聊天,影响别人的生活,更不能对有别于自身的观点和价值观念进行随意评价或贬低。

（四）保护隐私

网络是一个全球性的开放社会,在虚拟空间进行社交活动,要注意保护自己的隐私,不要随意公开个人的邮箱地址、住宅地址、手机号码等个人信息,以免引起不必要的麻烦;更不能公开自己的身份证号、银行卡号等保密信息,以免造成经济损失或带来其他纠纷。

对其他人的个人信息,我们也应该注意加以保护,以免给他人带来损失和伤害。如果有人向你索要你同学或朋友的个人信息,应先和那位朋友沟通,征得同意后,再转告他的信息。对于网络上所传递的蕴含他人隐私信息的消息,要做到不公开、不保存、不转发。

与他人在网络上进行交流时,应首先自我介绍并告知联系对方的原因,这也是保护他人隐私的一种体现。这样交流,对方就不会觉得我们在骚扰他们,浪费他们的时间,妨碍他们的网络自由。

（五）互助共享

网络空间被很多人当成一个互助平台,遇到不清楚的问题和搞不懂的疑惑都会在网络上搜索求助。我们在网络交流空间留言发帖时,要树立互助共享理念,从有助于、有益于读者的角度出发,对大多数人有益的知识、被大多数人喜欢的文章、被大多数人喜欢的事物要共同分享,做到"启迪于人、有福同享"。如果是局限于自身审美或价值观念的东西,则尽量不要发布到公众平台,自己收藏就好。

对于别人提出来的问题,可以尽自己所能尝试解答,但不能冷嘲热讽、挖苦取笑。当你在网络交流中提出了一个问题,并且得到其他人的回应和帮助后,应该及时回帖或留言表明谢意,这是对那些未曾谋面的朋友们必不可少的尊重。如果能把你受到帮助的问题整理并总结出来,公布在网络上,那对于以后遇到类似问题的网友而言更是一种帮助。

二、网络交流的个人礼仪

现代网络交流工具的功能十分强大,它们让我们的工作和生活快捷、高效,让我们的视野更加开阔,让我们的生活更加多维,让我们的生命更加精彩。QQ、微信、微博等现代化网络交流工具在较短的时间内占领我们的社交圈,成为我们生活中必不可少的社交工具,向更多的人展示我们的生活习惯、审美品位、兴趣爱好和道德修养。因此,为了更好地展示优良的品德素质、良好的个人形象,我们在进行网络交际的过程中应当注意网络交流的个人礼仪。

（一）文明用语

网络的虚拟性使得我们的言谈举止成为其他人评价我们的重要依据。网络文明用语包括语言的礼貌性、准确性和专业性。

互联网作为现实社会的延伸,礼貌用语仍然是重要的道德规范要求之一。我们不能面对着计算机、平板电脑或手机就忘了我们是在跟其他人打交道,进而在用语方面变得粗俗无礼。因此网络文明用语第一条就是记住"网络对面是他人"。你在现实社会中当着他人不会说的话,在网络上也不要说。

网络社会是一个无形的教育圈,在时时刻刻影响着网络的使用者。网络用语不准确或者是"故意走形"会给整个社会的语言生态造成不可逆转的破坏。或许"酱紫""肿么样"之类的短语在发明之初仅仅只是表达方言的趣味性和言语者的萌态,但这样的词语短句一旦泛滥成灾,就会让读者产生恶意卖萌的厌恶感,更不用说那些审美低俗、涉黄涉暴的言语了。

用专业的语言与志同道合的网友讨论感兴趣的话题也是尊重这一群组的表现。如果你对某个问题很感兴趣,但又不是很熟悉,可以先找一些资料看看再发表观点,无的放矢、言之无物的语言只能落个"灌水"的名声,无助于提升网络交流的效率和效果。

(二)宽容待人

在网络交流中,许多网友的文化水平、风俗习惯、宗教信仰、生活方式跟我们并不相同。所以,当其他人发表与我们不一致的观点、发布不符合我们审美的视频或者图片时,我们应该用一个更为宽大的胸怀来接受,而不是反感排斥。

当其他网友发表的文字中有一些错字别字、用词不当、表意不准的地方,我们应该以包容的心态来看待这个问题,不能讥讽嘲笑,更不能挖苦指责,否则会给别人留下尖酸刻薄、小肚鸡肠的印象。即使要指正对方的错误,也应寻找合适的时机,用私聊或者私信的方式告知对方,尽量不要在网络公开场合做损害对方尊严的事情。

对于网络新手,要多加鼓励。记住我们曾经和他们一样是个新手,所以应该客气地指出他们的不当之处,并帮助他们予以纠正。绝对不要对网络新手粗暴无礼或勃然大怒。

(三)就事论事

在网上,我们经常能看到许多网友对某个明星或某件事情表现不满意或者只是很简单的"看不顺眼",就会在评论区里进行毁灭性攻击。而这些网友的观点毫无建设性的意见,对于改变事物现状毫无帮助,却又带动更多的相互反击。

在网络上进行交流时,意见相左是正常的现象,要以理服人,不要恶言相向,更不能进行人身攻击。做到这些其实并不难,只要记住就事论事即可。但做到就事论事也并不容易,需要知道某件事情的起因、经过和最终的结果才能够提出相对客观的观点或者意见。同时,就事论事还需要我们具备独立的思考和认知、批判的思维和理念以及唯物主义辩证法等思想。

对于大多数情况而言,我们并不会完全了解事情的来龙去脉。在此情况下,唯一能够做的正确事情就是不发表结论性的言论,多运用"根据我的了解……""从这件事情来看……""到目前为止,我认为……"等表述,会更容易被其他网友所接受。

(四)防谣止谣

网络谣言一旦产生,就会像病毒一样迅速扩散,需要花费更大的精力和更多的时间才能够清除。因此,网络使用者学会识别谣言、防止谣言进一步传播就显得非常重要。

经总结,网络谣言大致拥有以下几类特征:一是缺乏科学证明,常用无法证实的所谓"科学研究发现""实验数据证明""最新技术"等语句开场而又不指出具体是哪个研究、什么数据;

二是伪造权威发布，伪造瞎编公安、气象、证监会、教育部等国家相关部门发布的"紧急通知""重大发布"等消息，但又不是官方信息渠道；三是安全事件类，伪造或使用不相关的视频图片在自媒体和网络社区骗取关注；四是关注转发类，利用社交网络上某些寻人、寻物消息编造谣言转发，骗取点击量；五是食品安全类，部分发布者以食品安全为噱头在标题中故弄玄虚、捏造事实，强调后果严重；六是恐慌消息类，杜撰恐怖的大型灾难，配上虚假图片，哗众取宠；七是夸大事实类，打着科学、常识的旗号，严重夸大某些现象或成效，到处诓人。了解网络谣言的基本特征，是我们防止被谣言蛊惑的第一步。

网络谣言在网上兴风作浪，扰乱人心。如果任其横行，将严重扰乱社会秩序，影响社会稳定，危害社会诚信。如果遇到疑似这些网络谣言的信息，我们要做的第一件事情就是禁止其随意地传播。同时我们应当运用相关的生物学、医学、物理学、法学等基础知识，首先进行自我评判。在自我评判出现困难的情况下，也可以求助于相关专业的老师或是专家，这样就可以轻易把这些谣言识破。

三、网络交流的禁忌事项

由于网络空间身份虚隐化的特点，网络交流的不文明行为屡见不鲜。有些不文明的行为是很容易察觉的，比如人们把网络当作负面情绪的发泄口，恶意中伤、人身攻击等，不仅伤害他人感情，破坏人际和谐，更让整个网络风气朝向不好的方向发展；有些不文明的行为则相对比较隐晦，因为自身习惯而很难察觉，需要我们更加小心地来应对。

下面我们就列举一些网络交流的禁忌事项，引以为戒：

（一）网络侵权

网络侵权，顾名思义就是指在网络环境下所发生的侵权行为，按侵权的内容可分为侵犯人身权和侵犯财产权（或两者同时）。2021 年施行的《中华人民共和国民法典》格外注重由网络延伸出来的民事权利的保护，涉及个人信息保护、网络虚拟财产、打赏、电子合同、肖像权、网络侵权等与互联网相关的内容。很多我们熟悉的表情包就可能因涉及侵权而绝迹于网络。当然下载使用非正规渠道的软件程序更是侵犯知识产权的典型行为。

（二）垃圾信息

绝对不要未经他人许可就发送大批量的短信、微信、电子邮件等信息来谋取私利。这种做法极大地浪费信息接收者的时间和精力，干扰他人正常生活，这被认为是对网络礼节的最大破坏。自 2021 年 1 月 1 日起，发送垃圾信息更是将被列入侵犯个人隐私的范畴，任何组织或者个人以电话、短信、即时通信工具、电子邮件、传单等方式侵扰他人私人生活安宁的行为将涉嫌违法。

（三）滥用权力

网络空间里，无论是贴吧还是群组，管理员总是比普通用户有更多的权力，他们应该清楚了解权力相对应的职责与义务，珍惜并谨慎使用这些权力。胡乱删帖、禁言，甚至踢群，都是网络交流中的禁忌，只会让对方产生更大的厌恶感，而对实际交流并无益处。

网络同样赋予每一个网络空间的参与者一定的监督权与检举权。同样，滥用这些权利也会造成极大的危害,轻则对他人生活与隐私造成干扰,重则涉及侵权及诽谤等罪行而会受到法律的制裁。

(四)自我中心

网络交流中的"自我中心"现象就是不会换位思考,做事情不考虑别人的想法。当使用网络的时候,只从自身的需要出发,考虑自己的利益得失,关注自我的喜爱偏好,从而忽视自身行为对于他人及社会的影响,造成负面效应。

↗ 小资料

媒体上的网络礼仪

《广州日报》:线上互动不受空间限制,极大地提高了沟通效率,但毕竟隔着一层屏幕,很难像当面沟通一样,通过表情和语气来感知对方的反应。这就意味着在线上沟通时更容易出现理解偏差,造成不必要的误会。因此,线下沟通时不可或缺的社交礼仪,在网络交往中也必不可少。除了真诚尊重、平等适度等社交原则,网络社交礼仪也应有新发展,比如,少发语音、言简意赅、有话直说等都是网友建议的"微信礼仪"。

《济南时报》:每个人都有自己的网络社交习惯,网友在保持足够包容态度的同时,也要换位思考。换言之,明明知道别人讨厌这些东西,就不要太"任性"。身处网络语境中,要随时跟随网络文化动态来调整自己的观念,不落后于潮流,也是社交礼仪水平的体现。网络社交礼仪的内容非常丰富,但正如《华盛顿邮报》的礼仪专栏作家朱迪思·马丁所说:"有一个基本准则——你不要打扰别人。"

封面新闻:微信朋友圈实际上是一种半公开的网络社交场,每个人的表现如何,其实本质上就是网络社交礼仪的水平。那些最让人反感的微信好友恰恰就是没有把握好社交礼仪的尺度。但是,谈论社交礼仪也不能上纲上线,比如一些老人对微信的使用情况不甚了解,或者不便打字,而习惯开视频,那么,作为子女可能就更多需要体谅或者帮助他们接受新的社交礼仪。如果只是一味吐槽,未必是好事,也无助于真正提升网络社交礼仪的整体水平。

河北新闻网:我们要像重视现实社交礼仪一样,重视我们的网络社交礼仪,或者说把网络社交视为现实社交的一种延伸、扩展。既然现实中的人际交往是有规则、有界限,也是有底线的,那么当社交活动从现实中转移到微信等各种社交平台上时,这些规则、界限、底线也同样适用。如果不注意基本的社交礼仪,不避免大家普遍反感的行为,很容易给人留下负面印象,甚至导致自己被对方拉黑。

☰ 综合案例

一次,刚参加工作不久的晓琴被派到外地出差。她在动车车厢里,遇见一位来华旅游的美国女孩。美国女孩热情地跟晓琴打招呼,这让晓琴觉得不跟对方寒暄几句实在显得不够友善,于是,便用一口流利的英语,大大方方地跟对方聊了起来。交谈中,晓琴主动找话题进行聊天:"你今年多大岁数呢?"美国女孩含糊其词地回答道:"你猜猜看呢。"晓琴觉得对方答非所问,于是又接着问道:"你这个年龄,一定已经结婚了吧?"令晓琴惊讶的是美国女孩直接转过头去,不再搭理她了。一直到下火车,两个人再也没有任何交流。

案例思考题：

1. 美国女孩为什么再也不理晓琴了？

2. 与人交谈中，可以选择哪些话题？忌选哪些话题？

本章小结

本章介绍了言语沟通的原则、技巧、礼仪规范以及禁忌，还介绍了电话礼仪、文书礼仪及网络交流礼仪。通过本章的学习，可以进行有效沟通，提升言语沟通能力，增强亲和力，并提高办事效率。

复习与思考

一、思考题

在交谈中你最忌讳对方什么行为？

二、选择题

你觉得下列哪句话最入耳？

A."你懂不懂？"

B."你听清楚了吗？"

C."我说清楚了吗？"

三、实操演练

1. 分组模拟用微信交流关于参加学校礼仪社活动的内容，通过微信交流体现良好的风度和个人修养。

2. 给老师发一封电子邮件，主题自拟，注意邮件格式及文字表达，做到用语规范。

第七章
宴请接待礼仪

通过本章的学习学习,应达到以下目标;

◆ **知识目标**

1. 掌握宴请礼仪、接待礼仪、中西餐礼仪的主要内容;

2. 熟悉宴请接待礼仪中的席位座次排序规则及进餐礼仪。

◆ **能力目标**

能够在实际生活中自觉遵守宴请接待礼仪规范。

◆ **思政目标**

1. 通过学习拜访接待礼仪,培养学生的责任意识和精益求精、一丝不苟的工匠精神。

2. 通过对中西方餐饮礼仪的学习,提高学生跨文化交际意识,提升学生的文化自信。

第一节　拜访、邀请与接待礼仪

一、拜访

拜访是指恭敬地拜会、访问。拜访是日常生活中最常见的一种交际形式,也是联络感情、增进友谊的一种有效方法。

拜访他人应事先预约,看对方的时间是否方便,确定拜访的时间、地点,这是拜访最基本的礼节。一般以打电话预约最为常见。

拜访他人时,要守时,不可迟到。服饰要自然得体、整洁大方,注意个人仪容仪表,这既是自尊,也是对被访者的尊敬。

与被访者见面之后不要急于坐下。如果被访者是年长者或是上级,被访者不坐,拜访者不应该先坐。被访者让座之后，拜访者要先礼貌致谢，然后再坐下。被访者上茶时拜访者要起身双手接过，并表示感谢。

拜访者要把握拜访时间，与被访者谈话时要注意语气和态度，在适当的寒暄之后尽快进入正题。拜访结束后要礼貌致谢，与被访者握手告别。

二、邀请

在社会交往活动中，因为各种实际需要，人们为了召集他人参加某种活动，都会事先发出邀请。邀请，是一种礼节，是接待活动中的重要环节，是表达主人情意、体现礼仪素养的重要方面。

邀请有正式和非正式之分。

正式的邀请一般以书面的形式发出，也可称为书面邀请。如请柬邀请、书信邀请、传真邀请等具体形式。此类邀请比较郑重，多用于比较正式、隆重的场合，一般提前一周发出邀请。

非正式的邀请一般以口头的形式发出，也可称为口头邀请。如口头、当面、托人、电话邀请等。

当发出邀请并得到对方确认后，在活动进行的前两天还应通过电话向受邀请者进行提醒和确认，以免受邀请者临时出现变故，以便更准确地为活动的顺利开展做好周密的安排和筹划。

三、接待

接待是指个人或单位以主人的身份招待来宾或有关人员，以达到某种目的的社会交往方式。

（一）接待的注意事项

1. 接待原则

在接待过程中，无论是单位还是个人在接待来访者时，都应该做到使客人乘兴而来、满意而归。为达到这一目的，接待一定要遵循平等、热情、礼貌、友善的原则，一定要对来访者展现并保持亲切友好的笑容，学会使用简单明了的礼貌用语和问候语，如"您好""谢谢""对不起""请""再见""有什么可以帮到您？"等。交谈过程中要与人适度交流，避免出现令人不悦的接待服务表现。

2. 接待规格

接待时要根据来访者的身份安排相应级别的领导和人员接待，一般可分为三种情况：一是高规格接待，即主方陪同人员身份高于来宾；二是对等规格接待，即主方陪同人员身份与来宾身份对等；三是低规格接待，即主方陪同人员身份低于来宾。

（二）热情、友好地迎接

迎接，是给客人留下良好第一印象的重要工作，迎接客人应注意以下事项：了解对方到达的车次、航班，安排接站人员前去迎接；接站人员应提前到达机场、车站或码头，恭候客人的到来；提前为客人准备好交通工具，为客人安排好食宿等事宜。

（三）行车座次安排

就乘小轿车而言，如由驾驶员开车，按汽车前进方向，应遵循"后为尊、右为尊"的原则，司机后排右座为尊位，副驾驶座位一般坐秘书、助手、接待或陪同人员。如果是主人亲自驾车，则主人旁边的位置——副驾驶座位是尊位。

9人以下的小客车在座次安排中，主宾坐在中排靠近右车门的位置。而在游览车的座次安排中，主宾则坐在驾驶座后面第一排右侧的第一个座位上。

（四）正确、恰当地引导

接待过程中，在进行引导服务时要注意手势优雅、简洁，指引的方位要明确，同时注意危机提醒，比如上下台阶、梯坎等。在行进中，通过大门或通道时，应该礼让女士、客人及尊长先进先出。

1. 上下楼梯的引导

上下楼梯时，应让客人及尊长走在楼梯的里侧，不要和客人及尊长并排行走。上楼梯时，前者为尊为上，应该让客人及尊长先走。下楼梯时，特别是楼梯较陡时，客人及尊长前应有一人指引。

需要注意的是：男女同行时，宜女士居后，特别是女士身着短裙时。如果楼梯狭窄，不能同时容纳上、下的人群，应礼让下楼的先行，再上楼。

2. 搭乘电梯的引导

搭乘无人服务电梯时：接待人员要遵循"先进后出"的原则。具体方式为：接待人员先按电梯按钮，电梯到达，门打开时，接待人员先行进入电梯，一只手按住开门按钮，另一只手引导客人们进入，同时礼貌地说："请进。"在电梯内，接待人员要侧身面对客人，站到电梯开关一侧；到达目的楼层后，接待人员应一只手按住开门按钮，另一只手做"请出"的动作，同时礼貌地说："您先请！"当客人走出电梯后，接待人员要立刻步出电梯，并热诚地继续引导行进的方向。

搭乘有人服务的电梯时：接待人员则应遵循"后进后出"的原则。

3. 进入会客室大门的引导

进入会客室大门时，要注意大门是向外开还是向内开。对于外开的门，接待人员应先敲门，然后拉开门，扣住门把手，站在门边，同时做出指引手势，并说："请进。"如果是内开的门，接待人员要先轻轻敲门，然后推开门，侧身扣住门把手，站在门边，再请客人进入，当客人进去之后轻轻退出并将门关上。

（五）安排正确的座次

在接待礼仪中，座位的排序是非常有讲究的。就前后排关系而言，前排就座者为尊、为长、为高、为强，第二排次之，第三排更次，以此类推；就同一排的关系而言，中者为尊、为长，两侧次之；就两侧同位者而言，右者为大、为长、为尊，左者为小、为次、为卑。

一般会客室远离门的座位为上座，靠近窗子的座位为上座。国际惯例是"以右为上、以右为尊"——第一尊贵的客人坐在第一主人的右边。但是在政务礼仪中，中国的习惯是"以左为上"，会把第一尊贵的客人安排在第一主人的左边，实际操作时可以按照会谈者的习惯灵活处理。

（六）敬茶礼仪

在接待过程中，为客人敬茶是待客的一项重要内容。一般敬茶的步骤如下：

1. 做好准备

清洁双手，检查茶具的洁净程度。

2. 倒茶

检查每个茶杯的杯身花样是否相同；茶水的温度应该以 80 ℃为宜；注意倒入杯中的茶水为茶杯容量的六至七成，也可以说是七分满；每一杯茶的浓度要尽量一样。

3. 敬茶

给客人敬茶时，要先给坐在上座的重要宾客（主宾和他的同事）敬茶，以示尊敬。当不知道哪位是主宾的时候，则按照顺时针的方向把茶水端给宾客。

敬茶的方法：在杯子下半段 1/2 处，右手在上、左手在下托着茶杯或者茶盘，要避免手指接触杯口，一般从客人的右后方将茶水递给客人，放在客人右手前方，以方便客人拿取；若是客人坐在较矮的沙发上，宜以蹲姿敬茶，这样既能保持姿态的优雅，又显示了对宾客的尊重。敬茶的同时应说："请用茶。"中途续茶时为不影响交谈，则不必说。

续茶可两人配合进行，首先从客人背后右手边伸手示意，表示打扰，然后一人端杯，一人倒水。若是单人续茶，为有盖茶杯加水时，应左手手心向上，以小指和无名指夹起杯盖，右手加水。

（七）有情有礼地送别

送客是接待的最后一个环节，如果处理不好将影响到整个接待工作的效果。送客礼节，重在送出一份友情、一份情谊。

1. 婉言相留

无论接待什么样的客人，当客人准备告辞时，接待人员一般都应该婉言相留，这虽是客套辞令，但也必不可少。另外，接待人员要等客人起身后再站起相送，切忌比客人先站起来。分别时应充满热情地招呼客人"慢走""走好""再见""欢迎再来""常联系"等。

2. 送客有道

送客时，应将客人送至车站、码头、机场或者大厅，以示尊重。到车站、码头或机场送客时，接待人员切记不要表现得心神不宁，以免使客人误解在催促他赶快离开。要与客人握手，目送离开，不要急于返回，应在客人的身影完全消失后再返回。否则，当客人走完一段路再回头致意时，发现主人已经不在，心里会有些不是滋味，会给人留下不尊重、没有礼貌的印象。送客人到机场时，最好等客人通过安检后再返回，因为也许有些物品不让带上飞机而需要你保管。

另外，在家里或者办公室送客，送毕返身进屋时，应将房门轻轻关上，不要使其发出声响。

祝愿语使用"祝您一路平安"等。

第二节　宴请礼仪

宴请是为了表示祝贺、欢迎、答谢、喜庆等而举行的一种隆重的、正式的餐饮活动,是人们沟通和交流情感的良好方式,是国际交往中最常见的交际活动形式之一。

一、通用的宴请形式

根据宴请活动的目的、性质及邀请对象等因素,宴请一般分为宴会、招待会、茶会和工作进餐四种形式。

(一)宴会

宴会是宴请中最隆重的形式,可分别在早晨、中午、晚上举行。按规格,宴会可分为国宴、正式宴会、便宴和家宴。

1. 国宴

国宴是在外交场合由国家元首、政府首脑出面,宴请别的国家的国家元首、政府首脑的宴会,是规格最高、最隆重的一种宴会形式。举行国宴时,宴会厅里要悬挂国旗、演奏国歌和席间乐,主、宾双方均有致辞、祝酒。国宴的规格高,参加者的身份、地位高,所以要求参加国宴时必须着正装,按规定的座次安排入座。

2. 正式宴会

正式宴会的规格和标准都低于国宴,通常是政府等有关部门为欢迎应邀来访的嘉宾而举行的宴会。除了不挂国旗、不奏国歌及出席者的级别不同外,其他的安排和程序大体与国宴相同。宾主双方均按身份排位就座,有时也会安排乐队进行席间演奏。正式宴会讲究排场,对参会者的服饰仪容等都有一定的要求。

正式宴会要注意以下三个"确定":

其一,时间要确定。一般情况下,正式宴会往往安排晚宴,因为晚宴相对而言在时间上自由度大,故时间更宽裕,仅在个别情况下是午宴或早宴。

其二,人员要确定。正式宴会的人员是有限制的。不仅到场人数有限制,而且哪张桌子安排哪些人员及其具体的位次都有讲究,不能乱来。要确定主桌、主人、主陪,非常讲究。

其三,菜单要确定。正式宴会应该提前制定一份菜单,而且还要把菜单书写出来,最好在餐桌上人手一份。这样做一是表示郑重其事,二是提前告知就餐人员,以防出现问题。

3. 便宴

便宴是一种非正式宴会,一般规模小,形式简单、随便、灵活,没有严格的礼仪程序,用于日常交往,可以不排席位,不做正式讲话和致辞,有时还可采取自助餐形式。

4. 家宴

家宴,顾名思义,就是把人请到家里来吃饭,在家中设便宴招待客人。家宴重在参与,强调气氛的温馨、融洽和随和,往往可以加强宾主双方之间关系的密切度。家宴一般由主妇亲自下厨,家人共同招待。

(二)招待会

招待会是一种灵活简便、经济实惠的宴请形式。通常不排席位,宾主活动不拘形式,可以自由活动,规模可大可小。其一般分为冷餐会和酒会两种形式。

1. 冷餐会

冷餐会又名自助餐宴会,是现在尤其是在西方比较流行的一种方便、灵活的宴会形式。其可以在室内外举行,参加者可以自由活动,可坐可立。一般将冷菜、酒水、点心、水果以及餐具分别摆在菜台上,客人可以根据自己的喜好自由取食。

2. 酒会

酒会又称为鸡尾酒会,规模不限,时间灵活,形式比较自由、轻松,以酒水招待为主,略备小吃。客人到达和退席的时间不受限制,一般不设座位,宾客可随意走动,与人交流。

(三)茶会

茶会是一种更为简便的招待形式,招待品以茶为主,也可选择咖啡。举行时间一般在上午10点、下午4点左右,形式较自由,氛围较轻松,可备些风味小吃和点心。入座时,要有意识地将主宾与主人安排在一起,其他人可随意就座。

(四)工作进餐

工作进餐是现代商务交往活动中常用的一种非正式宴请形式,一般是利用进餐时间边吃边谈,既省时又简便,纯属工作性质,所以一般只请与工作相关的人员参加,不请其配偶及其他与工作无关的人员参加。

二、宴请的组织

为了能使宴请顺利圆满地举办,达到预想的效果,就必须事先做好充分的准备工作。

(一)宴请准备

根据宴请的目的、对象、规格、形式等方面,切实做好准备方案,包括确定宴请的时间、地点以及菜单和席次。

在宴请时间的确定方面,首先要考虑到宾主双方都合适,尤其要注意照顾来宾的时间。不要选择安排在对方的重大节日、假日及对方禁忌的日子。

在确定宴请对象的时候,被邀请人的姓名、身份、职务、称呼以及对方是否有配偶等信息一定要核实准确。

另外,宴请采取何种形式在很大程度上取决于当地的习惯做法。一般正式、规格高、人数少的以宴会为宜,人数多则以冷餐或酒会更为合适,女士聚会则多采用茶会的形式。

确定宴请的菜单时要考虑主宾的爱好与禁忌,不能以主人的爱好为主,还要考虑到客人的民族习惯以及信仰。注意荤素搭配、营养均衡。

（二）邀请方式

邀请有正式和非正式之分。正式的宴会为了体现郑重，一般以书面的形式进行，也可起到提醒、备忘的作用。一般提前1~2周发出请柬，以便被邀请者有所准备。在请柬上，要把宴请的目的、形式、时间、地点及被邀请人的姓名、职务等写清楚。

事先口头约定的活动，仍应补送请柬，在请柬右上方或下方注上"To remind"（备忘）字样。需安排座位的宴请，为确切掌握出席情况，在请柬上往往要求注明被邀请人答复能否出席。这时，请柬上一般有 R. S. V. P.（请答复）字样，如只需不出席者答复，则可注上"Regrets only"（因故不能出席请答复），并注明联系方式。

非正式宴会的邀请一般以口头的形式进行，如口头邀请、电话邀请等。

请柬发出后，在活动进行的前两天还应通过电话向受邀请者进行提醒和确认，落实出席情况，准确记载，以安排并调整席位。即使是不安排席位的活动，也应对出席率有所估计。

（三）现场布置

宴会现场的布置由宴会的性质决定，环境和气氛是否符合宴会的规格对宴会能否成功举办都有重要的影响。所以现场的布置一定要与宴会的规格和性质相吻合，符合礼仪规范。

三、宴会的桌次排列礼仪

在宴请活动中，桌次与席位的排列是一个不可忽视的问题，非常讲究，而且中式宴会和西式宴会的桌席排列也是不同的，都有其特定的礼仪规范。恰当的桌次与座次安排关系到主客双方的身份和对客人的尊重程度，所以要慎重。

（一）中式宴会的桌次排列礼仪

中式宴会往往采用圆桌布置。不同的宴请规格，桌次的安排也会有所变化，通常会有横、竖、花三种方式，要视具体情况而定。中式宴会通常分为由两张桌子组成的小型宴会和由三张或三张以上桌子组成的大型宴会。

1. 横排

若两桌横排，以面对正门的位置为准，桌次以右为尊、以左为卑。

2. 竖排

若两桌竖排，以面对正门的位置为准，桌次以远为上、以近为下。

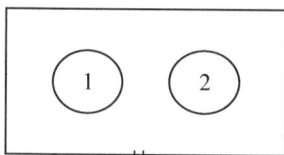

两桌横排示意图

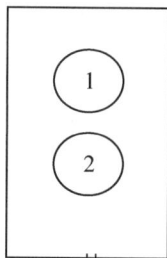

两桌竖排示意图

3. 三桌或三桌以上排列

三桌或三桌以上的排列，一般遵循"面门而确定主桌，右尊左卑，离主桌越近桌次越高，反之则桌次越低"的原则。

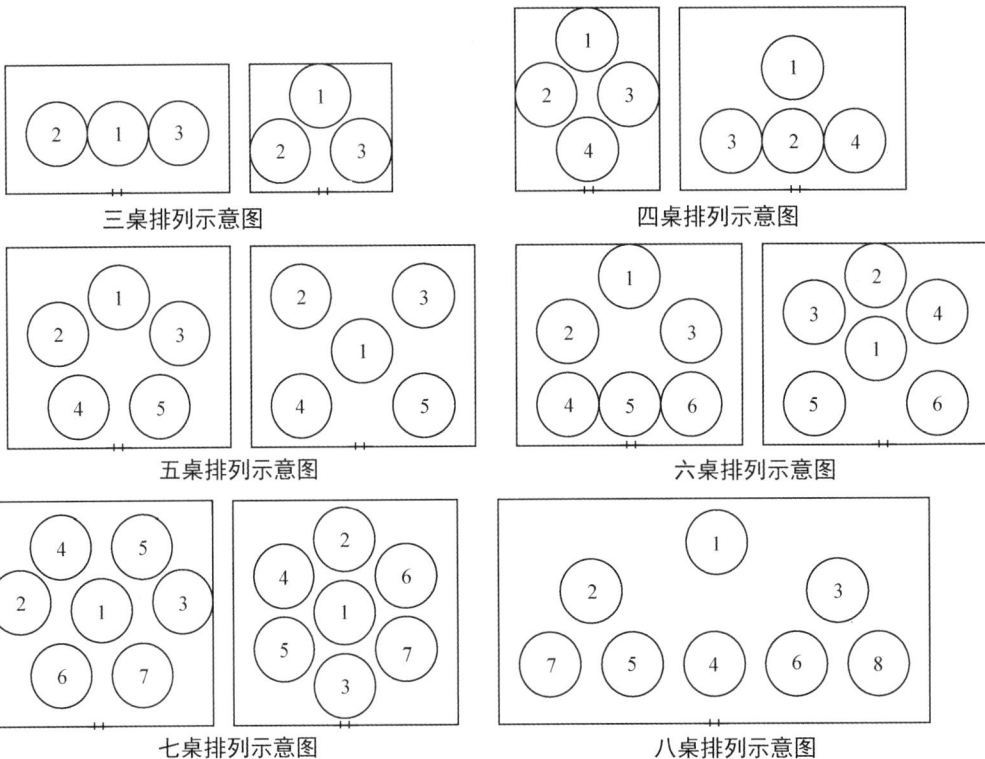

三桌排列示意图

四桌排列示意图

五桌排列示意图

六桌排列示意图

七桌排列示意图

八桌排列示意图

为了确保在宴请时赴宴者能够及时、准确地找到自己所在桌次，还可采用以下四种辅助方式：

（1）在请柬上标明来宾所在的桌次；

（2）安排专门人员引导来宾寻桌就座；

（3）在每张餐桌上摆放桌次牌；

（4）在宴会厅入口悬挂宴会桌次排列示意图。

（二）西式宴会的桌次排列礼仪

西式宴会的餐桌一般有长桌、方桌、圆桌，或由其拼成各种图案的桌型。其中，最常见、最为正规的西餐桌当属长桌。西餐一般不会涉及桌次排列问题。如果举行大型宴会，超过两桌时，以"主桌定位"为原则，即距离主桌越近，桌次越高；距离主桌越远，桌次越低。

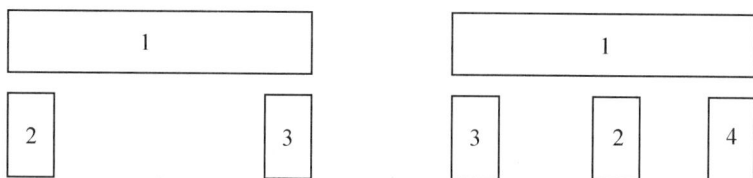

西餐桌次示意图

四、宴会的座次排列礼仪

（一）中式宴会的席位排列礼仪

中式宴会的席位排列原则：以远为上；面门为上；以右为上；以中为上；靠墙为上；观景为上。一般面门居中为主位；主人右侧为主宾；右高左低；偶数为佳。

中式宴会座次安排一般有两种情况。

1. 每张桌上有一位主人

面门居中的主人，其右手位是主宾，左手位是第二主宾，其他人按顺序以此类推。

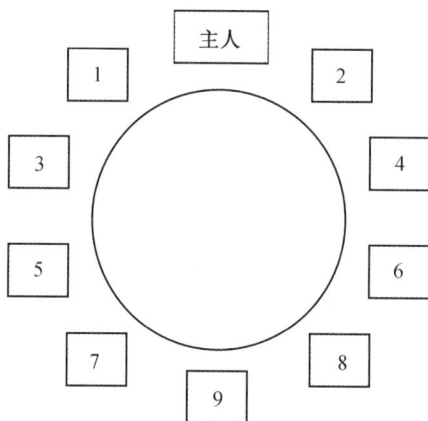

中餐座次示意图

2. 每张桌上有两位主人

主人夫妇坐在同一张桌子上，那么男主人为第一主人，女主人为第二主人。面门居中的为男主人，其右手位是主宾，靠门居中的为女主人，其右手位是第二主宾，其他人按顺序以此类推。还有一种情况，第一主人的右侧和左侧安排主宾夫妇，第二主人的右侧和左侧安排副主宾夫妇，按顺序以此类推。

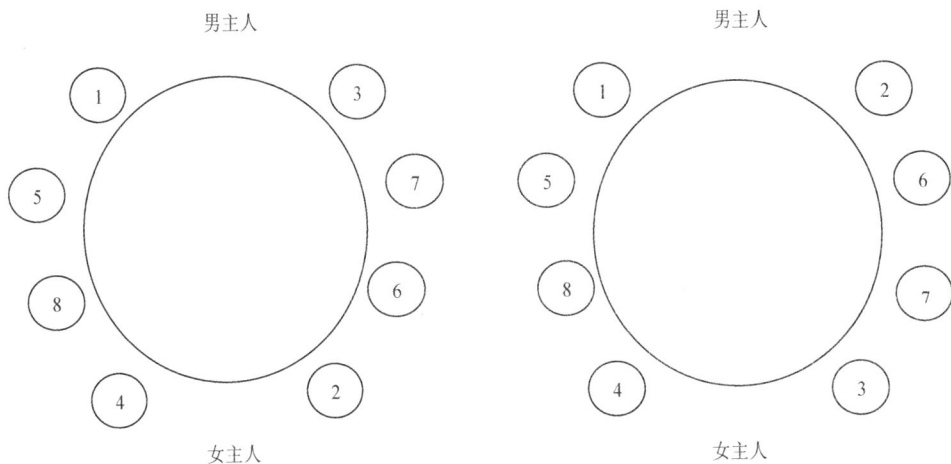

中餐座次示意图

在现实生活中，有时也会根据具体的情况灵活安排。比如来宾中有身份高于主人者，则可以将其安排在主人席位，以表示对他的尊重和重视，主人则坐在主宾的位置上，第二主人坐在主位的左侧。

(二)西式宴会的席位排列礼仪

西式宴会的席位排列规则：女士优先；恭敬主宾；面门为上；以右为尊；距离定位；交叉排列。

1.女士优先

在西餐礼仪中，女士处处备受尊重。女主人坐主位，男主人退居第二主位。

2.恭敬主宾

男、女主宾分别紧靠女主人、男主人就座。

3.面门为上

面对门口的位置为上座。

4.以右为尊

男主宾位于女主人右侧，女主宾位于男主人右侧。

5.距离定位

尊卑以距离主位的远近而定。

6.交叉排列

正式一些的西餐宴会一向被视为交际场合。所以在排列座次时，要遵守交叉排列的原则。按照这一原则，生人与熟人交叉排列，男士与女士交叉排列。用餐者的对面和两侧往往是异性，而且还可能与其不熟悉。这样做的最大好处就是可以广交朋友，这也要求用餐者最好是双数，并且男女人数各半。

排列方法：

（1）长桌

①男女主人在长桌中央对面而坐。

女3	男主宾	女主人	男2	女4

男4	女2	男主人	女主宾	男3

西餐长桌座次示意图

②男女主人分别就座于长桌两端。

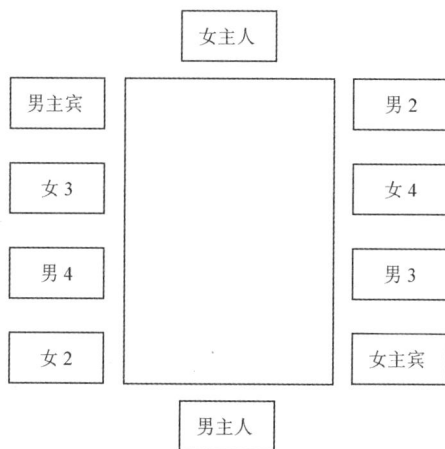

	女主人	
男主宾		男2
女3		女4
男4		男3
女2		女主宾
	男主人	

西餐长桌座次示意图

（2）方桌。使用方桌时,就位于餐桌四面的人数应相等。一般一桌共坐8人,每侧各坐2人。排列时,应使男女主人与男女主宾对面而坐,所有人均应与各自的配偶坐成斜对角。

（3）圆桌。在西餐里,使用圆桌排位的情况并不多见。

五、赴宴礼仪

既然宴会是比较隆重的场合,那么对出席者的礼节要求也是相对规范的,尤其是掌握席间礼仪礼节能使出席者的仪态和风度给他人留下良好的印象。

(一)应邀和出席

接到宴会邀请后,一定要尽早答复邀请者能否出席,以便主人合理安排事宜。

出席宴会前,一定要核实宴请的主人、层次、时间、地点以及是否邀请配偶和对服装的具体要求。

出席时,要仪表整洁,穿戴大方得体,符合宴会的规格,同时也是表示对主人以及参加宴会者的尊重。要遵守时间,准时赴宴,一般是正点或提前5分钟到达。如果与主人关系比较密切,则可以早点到达以帮助主人做准备或招待宾客。如果不小心迟到了,应向主人真诚地道歉。

(二)赠送礼物

如果参加家宴,被邀请人则应根据实际情况提前准备好礼物,这是一项重要的礼仪。最常见的是向女主人赠送鲜花。有的主人也会为出席者备一份小礼物,在宴会结束时,主人会赠送给客人。遇到这种情况,客人应对礼品表示赞扬,但不需要郑重感谢。需要注意的是,除了主人特别示意可作为纪念品的东西外,其他各种招待品不可以拿走。另外,有些外国客人往往会把宴会菜单作为纪念品拿走,还会请同席者在菜单上签名留念。

(三)入席与进餐

入席排位时,客人应听从主人的安排。进入宴会厅之前,事先了解自己的桌次与位次,入座时要注意座位卡是否写着自己的名字,不要随意乱坐。如果邻座是年长者或女士,应主动先帮他们拉椅让座。入座时,还要向其他客人表示礼让。入座后,坐姿要端正,不要随意翻动菜单,摆弄餐具或餐巾,这样会给人留下无礼的印象。待主人示意可以用餐时,才可以进餐。

进餐过程中,要讲究餐桌礼仪,要做到:取菜文雅,注意礼让;文明用筷,举箸得当;闭嘴细嚼,不发声响;嚼食不语,唇不留痕;禁烟少酒,文明用餐;骨与秽物,切莫乱扔;席间交谈,增进感情;使用公筷,讲究卫生。

宴会过程中,即使感到闷热,也不可以当众解开纽扣或脱下衣服,这是非常不雅观的。问寻主人后,男宾可脱下外衣搭在椅背上。

(四)交谈与祝酒

宴会是重要的社交场合,所以不要只顾埋头吃喝,要主动与邻座的人交谈。与他人交谈时,声音不要太大。要注意言谈有度、举止有方,切忌一边咀嚼食物一边与人交谈,更不要在别人说话的时候插话。

参加宴会时,要注意祝酒的方式,注意不要交叉碰杯,也不要将手伸得太长去和别人碰杯。主人和主宾致辞、祝酒时,参加宴会者应停止进餐和交谈,注意倾听。主人和主宾到自己所在的桌子敬酒时,参加宴会者应立刻起立举杯。碰杯时,目光应注视对方,并送上祝福的话语。切忌喝酒过量,不能喝酒时可以向主人说明,但不要随意拒绝,即使不会喝也可浅尝几滴以表敬意。无论是主人还是客人,都不应该强劝别人喝酒。

(五)离席

宴会结束时,客人需对主人表示感谢、告别,也要向其他客人告别之后才能离席,千万不能吃完就走,那是很不礼貌的。如果客人有事需要提前离席,应向主人及同桌的客人致歉。有时,在出席私人宴请活动之后,客人还往往会向主人致意便函以表示感谢。

总之,我们应多了解并遵守、应用宴会礼仪,这样不但可以提升我们的品位和形象,扩大交际范围,更有利于人际关系的发展。

第三节　中餐礼仪

一、点餐

中式菜品繁多,讲究色香味俱全、荤素搭配合理。中餐习惯先上菜,一般先上冷盘、饮料及酒,后上热菜,再上主食,最后上甜点和水果。规格较高的宴会,热菜中的主菜应先上最贵的热菜。点餐时要注意客人的口味与禁忌。

(一)具有中餐特色的菜肴

中餐里的龙须面、煮元宵、炸春卷、蒸饺子、红烧狮子头、宫保鸡丁等,具有鲜明的中国特色,所以受到很多外国宾客的喜爱。在宴请外宾的时候,可以考虑以上中式特色菜肴。

(二)具有本地特色的菜肴

北京的涮羊肉、江苏的红烧狮子头、陕西的羊肉泡馍、湖南的毛家红烧肉都是有名的当地特色菜,在当地宴请外地客人时,这些特色菜更为适宜。

(三)本酒店的特色菜

很多酒店都有自己的特色菜。点一桌本酒店的特色菜,更能说明主人的细心和对被邀请者的尊重。

(四)主人的拿手菜

举办家宴时,主人一般都会当众露上一手,做几个自己的拿手菜。其实,所谓的拿手菜不一定十全十美,只要主人动手为客人烧菜,单凭这一点,就会让对方感觉到你的尊重和友好。

在安排菜单时,还必须重视来宾的饮食禁忌,这一点不能疏忽大意。

二、用餐方式

根据餐具的使用来划分,中餐用餐方式可以分为以下几种:

(一)分餐式

分餐式多见于正式宴会,同时也是西餐的常用形式。它的最大优点是讲究用餐卫生,体现了用餐公平。

(二)自助式

自助式是指不排席位、不安排统一的菜单,食品全部陈列,自由选择。其优点为节省费用,礼仪讲究不多。

(三) 公筷式

公筷式体现了中餐传统用餐方式的和睦、热烈的气氛，又兼顾了现代人注意个人卫生的要求。现代社会越来越重视公筷式用餐方式。

(四) 混餐式

混餐式的主要缺点是不够卫生，因此不提倡。

三、餐具及使用礼仪

中餐常用餐具示例

(一) 筷子

在中国几千年的餐饮文化中，筷子的使用有基本的规则和礼仪。要正确使用筷子，握筷过高或过低或者变换指法握筷，都是不规范的。

使用筷子的正确姿势示例

筷子的使用禁忌：

(1) 不"跨放"筷子。筷子应放在筷架上或者支放在自己所用的碗碟边缘；不放在餐桌上，不横放在碗、盘上。掉到地上的筷子不可再用，可请服务员再换一双。

筷子应放在筷架上

（2）不"插放"筷子。根据民俗,只有祭祀祖先时才可以将筷子插放在食物中。另外,也不要把筷子当叉子,用其叉取食物。

（3）不"舞动"筷子。与人交谈时,应暂时放下筷子,切不可以用其敲击碗、盘,指点对方,或是拿着它停在半空中,像是迫不及待地去夹菜。

（4）不可"抖筷"。夹菜时,不要夹住菜后在盘子上方抖动几下再放到自己的碗里。

（5）不可"游筷"。在用餐过程中,举起筷子,但不知道吃哪道菜好,这时应避免将筷子在各个菜碟或空中来回移动。

（6）不可"翻筷"。夹菜时,不要用筷子在盘中翻动。

（7）不可"碰筷"。别的宾客也夹菜时,要注意避让,以免"筷子打架"。

（8）不"滥用"筷子。不以筷子代劳他事,如剔牙、挠痒、梳头等,或是夹取菜肴、食物之外的东西。

（9）不"品尝"筷子(即不"舔筷")。

用完餐后,筷子还应该整齐地放在筷架上或者支放在自己所用的碗碟边缘,等大家都放下筷子后,主人示意可以散席时,方可离座。不可自己用完餐就扔下筷子离席。

（二）勺子

中餐中,勺子的主要作用是舀取菜肴、食物,尤其是流质的汤、羹。用筷子夹取食物时,也可用勺子辅助。

舀取食物不宜过满,以免溢出来弄脏餐桌或自己的衣服。必要时,可在舀取食物后,在其原处停顿片刻,待其汤汁不会再流动时,再享用。

暂时不用勺子时,可置之于自己的碟子上。不要把它直接放在餐桌上,或是让它立在碗里。

若取用的食物过烫,不可用勺子将其折来折去,也不要用嘴来吹,要等食物稍凉些再取用。

（三）碟子

中餐中,稍小一些的盘子被称作碟子,也叫食碟,用来暂放从公用的菜盘里取来享用的菜肴。使用食碟时应注意:一次不要取放过多菜肴,食物的残渣、骨、刺不要吐在地上、桌上,而应将其轻轻放在食碟前端,待侍者取走、换新。

（四）水盂(洗指盅)

中餐中有些食物需要手持进食。此刻,往往会在餐桌上摆一个水盂,即盛放清水的水盆,这是供洗手用的,曾有人误以为是饮料,以致成为笑话。

用法:两手轮流蘸湿指尖,然后轻轻浸入水中涮洗。洗毕,应将手置于餐桌之下,用纸巾擦干。

水盂示例

（五）湿巾（香巾）

湿巾在使用过程中要注意：用餐前的湿巾只能用来擦手，绝不可用以擦脸、擦嘴、擦汗，擦完后将其放回盘中。正式宴会结束前，再上一块湿巾，这时湿巾只能用来擦嘴，也不能擦脸或擦汗。

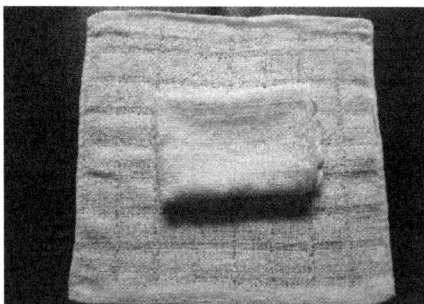

湿巾示例

（六）牙签

用餐时，尽量不要当众剔牙，那是非常失礼的行为。非剔不可时，应以另一只手掩住口部。取食物时，不要以牙签扎取（现在很多餐厅用牙签取食果盘中的水果，规范做法是用叉子取用）。

牙签示例

四、进餐礼仪

（一）不玩餐具

等待就餐时，不能用筷子敲击桌子、餐具或坐在座位上摇晃座椅。要待所有客人入席，主人说"请"之后，再动筷。

（二）不坏吃相

进餐时要举止文明，保持良好的坐姿，吃东西时手肘不要压在桌面上。要细嚼慢咽，喝汤时注意不要发出声音。夹菜时等菜转到自己面前再夹，不争抢菜、不乱挑菜、不胡布菜。对于需使用公筷或公共调羹的菜，应先用公筷将菜夹到自己的盘中，再用自己的筷子食用。

（三）维护形象

进餐过程中，不能吸烟，不清嗓子，不能在众人面前修饰自己的妆容，这些是非常不文明的行为。应尽量避免咳嗽、打喷嚏、擤鼻涕、吐痰，不可避免时应将头转到一边，用手或手帕遮掩。

（四）不违食俗

例如，过年时，吃中餐少不了鱼，表示"年年有余"。渔家、海员吃鱼时，则忌讳把鱼翻身，因为有"翻船"之意。

（五）不乱走动

进餐过程中，不要乱走动，这样会打扰别人。

第四节　西餐礼仪

西餐，是对西式饭菜的一种约定俗成的统称。西餐和中餐相比，餐具较多，用餐的礼仪也更为烦琐。

一、西餐的菜序

西餐用餐的先后顺序与中餐、日餐等东方国家的餐式相比有明显的不同。比如享用西餐时，通常要先上汤。而中餐里，汤大都在最后上桌。

（一）头盘

头盘是西餐的第一道菜，也叫开胃菜，往往不被列入正式的菜序，只充当"前奏曲"。头盘是由蔬菜、水果、海鲜、肉食所组成的拼盘，以各种调味汁烹制而成，有冷头盘和热头盘之分。

（二）汤

汤是西餐的"开路先锋"，一般分清汤、奶油汤、蔬菜汤和冷汤四种。只有开始喝汤时，才算正式开始吃西餐了。此时一般有面包、黄油搭配。面包，大多是切片面包，涂上果酱、黄油、奶酪食用。

（三）副菜

副菜是西餐的第三道菜，一般以鱼类菜肴为主。通常水产类菜肴与蛋类、面包类、酥盒类等都称为副菜。

（四）主菜

主菜主要是指肉、禽类菜肴。主菜有冷有热，以热菜为主。最有代表性的是牛肉或牛排。

主菜示例

（五）蔬菜类菜肴

蔬菜类菜肴在西餐中被称为沙拉。蔬菜类菜肴可以安排在肉类菜肴之后，也可与肉类菜肴同时上桌。

（六）甜点

甜点在主菜后食用，它包括主菜后的所有食物，如布丁、冰激凌、奶酪和水果等。

（七）咖啡、茶

西餐的最后一步是喝咖啡或茶。一般是喝红茶或黑咖啡，主要作用是帮助消化。

咖啡示例

二、餐具及使用礼仪

西餐常用餐具示例

(一)刀叉

1.刀叉的种类

正规的西餐宴会,讲究吃一道菜换一副刀叉。也就是说,吃每道菜时,都要使用专门的刀叉。刀叉不可乱拿乱用,也不可从头至尾只使用一副刀叉。

刀叉一般包括切黄油用的餐刀、吃鱼用的刀叉、吃肉用的刀叉、吃甜品用的刀叉等。切黄油用的餐刀,没有与之匹配的餐叉,一般横放在用餐者左手的正前方。其他刀叉则是在餐盘左右,右刀左叉。吃甜品的刀叉最后使用,一般横向放置在用餐者面前的餐盘的正前方。

2.刀叉的使用

使用刀叉的时候,依次从两边由外侧向内侧取用。右手握刀,左手握叉,将食物切成小块,用叉送入口内。切割食物时,不可弄出声响,双肘下沉,忌左右开弓。食物切割的大小应刚好适合一下子入口,且以餐叉入口。

刀叉使用时要注意刀叉的朝向。双手同时使用刀叉时,叉齿应朝下;右手持叉进食时,则应叉齿向上。将餐刀临时放下时,不可刀口向外。刀叉不可指向他人。如果是谈话,可以拿着刀叉,无须放下,但如果要做手势,就要把刀叉放下,切勿拿着刀叉在空中飞舞。掉在地上的刀叉切勿再用,可请侍者另换一副。任何时候,都不能将刀叉的一端放在盘上、另一端放在桌上。

刀叉使用示例

3.刀叉的暗示语

(1)暗示尚未吃完。刀右叉左,刀刃朝内、叉齿朝下,二者呈"八"字形状摆放在餐盘上(切勿摆成"十"字形状,西方人认为晦气)。

（2）暗示可以收掉。刀右叉左，刀刃朝内、叉齿朝上并排摆放在餐桌上；或刀上叉下并排横放在餐盘上。

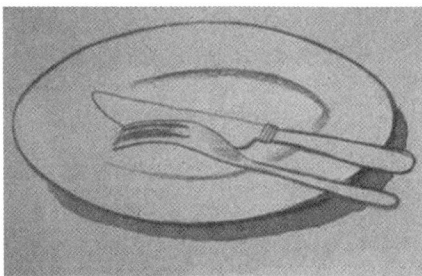

刀叉摆放示例

（二）餐巾

餐巾在使用时，应平铺在自己并拢的大腿上。正方形餐巾，折成等腰三角形，直角朝向膝盖方向；长方形餐巾，对折，折口向外平铺。

打开餐巾时应将其折放的整个过程悄然进行于桌下，不要临空一抖，吸引他人注意。最好不要将餐巾掖于领口、围在脖子上、塞进衣襟里或系在裤腰上。

餐巾有以下几种用途：

（1）进餐时，餐巾用于保护衣物。

（2）擦拭口部。餐巾只可用来擦嘴，注意不能用来擦汗、擦脸、擦手，特别是不能用来擦餐具。如果这样做会暗示主人餐具不洁，要求另换一副。如果想与人谈话，应用餐巾上角内侧沾一沾嘴，将嘴擦干净再谈话，以示礼貌。

（3）掩口遮羞。尽量不要当众剔牙，如果非剔不可，应以左手拿餐巾挡住口部，右手剔牙并以餐巾接住"出口"之物，再移到餐盘前端。

（4）用来进行暗示：

①女主人铺开餐巾，暗示用餐开始。

②把餐巾放在椅面上，暗示暂时离开。

③女主人把餐巾放在桌上，暗示用餐结束。

三、进餐礼仪

国际礼仪讲究"女士优先"，在整个进餐过程中要礼待女主人、照顾女宾客，帮着存外套、拉椅让座、帮助取菜、拿调味品，与其交谈等。

就座时，从左侧进入，身体与餐桌保持两拳左右距离，上身挺拔。双手不要支在桌上或藏于桌下，应扶住桌沿。双腿切勿乱伸乱放，别忘了自己对面与两侧皆为异性。

要正确使用餐具，每次取菜时应取少许，吃完如不够，可再取。取菜时要使用公用的餐具，不能用用过的餐具取菜。一般不要给人取菜。如果要取用餐桌上距离自己较远的调味品，不能站起身来伸长手臂去拿，可以请别人帮忙传递。

进餐时要举止文雅，闭嘴咀嚼，喝汤不要发出声音，嘴内有食物时，切勿说话。面包应掰出一两口可以吃完的一块，涂上黄油或果酱再吃，不能整片或整块地咬着吃，这是很不雅观的。

喝茶或咖啡加牛奶、白糖，用小汤匙搅拌后，小汤匙仍放回小碟内。品尝时，右手拿杯把，左手端小碟。

吃苹果、梨等水果时,不能整个拿着咬,应先用水果刀切成四瓣或六瓣,再用刀去皮、核,削皮时刀口朝内。吃香蕉时,先剥皮,再用刀切成小块,用水果叉叉着吃。

喝饮料前最好先用餐巾擦一下嘴唇,有纸巾时可不用餐巾擦。

西餐宴会的主旨就是促进人们的社交活动,应适当交际。

↗ 小资料

资料1

受冷落的宴席

李刚是山东某企业公关部的经理,近日公司要跟美国某知名公司进行合作洽谈,于是招待美方客人一行的重要任务就落在了公关部。在制作欢迎客人的宴会菜单时,大家颇费一番脑筋。想到山东是四大菜系——鲁菜的故乡,于是大家商量之后,决定将宴请安排在本地最知名的鲁菜馆,而且告诉行政总厨将他们本店最擅长的鲁菜拿来招待客人。宴席上,九转大肠、醉凤爪、整只的扒鸡等丰盛的菜肴摆满了餐桌,李刚等本以为客人会吃得很尽兴,没想到有些菜客人连碰都不碰,其中有的客人还微皱眉头。李刚不明白问题出在哪里。

(资料来源:孙玲.商务礼仪实务与操作.北京:对外经济贸易大学出版社,2010。)

资料2

盛情布菜,不用公筷也让客人难堪

中国人的热情好客经常在餐桌上得到最充分的体现。推杯换盏之间,东道主为尽地主之谊,劝酒、布菜是必不可少的,好像不布菜就不足以说明热情的程度。但布菜不规范往往又令客人很难堪,李刚说他最近就遇到过这样尴尬的事情。

那天他去看望一个很久不见的亲戚,亲戚见到他很高兴,席间,一个劲儿地用她的筷子给李刚夹菜,一筷子接一筷子地热情招呼,弄得李刚应接不暇。而李刚发现她在用餐时又特爱用嘴喂筷子头儿,几乎每吃一口都喂一下,看得李刚一个劲儿地反胃,顿时食欲全无,还不好意思说出来。

布菜是热情好客的中国人在餐桌上常见的举动,但是,应根据客人的不同情况来调整,而且随着人们的卫生意识的增强,现在都采用公筷来布菜。

(资料来源:孙玲.商务礼仪实务与操作.北京:对外经济贸易大学出版社,2010。)

综合案例

新年在即,公司要在北京国际酒店举行一场宴会,以此增进与新老客户的友谊。受邀参加宴会的都是公司的重要客户。公司公关部负责这次活动的具体组织,活动拟定于12月18日在酒店的宴会厅进行。

案例思考题:

假设你是公关部经理,你将如何策划并成功举办这场宴会?

本章小结

本章主要介绍宴请接待礼仪,包括拜访、邀请与接待礼仪,宴请礼仪,中餐礼仪,西餐礼仪等方面。宴请接待是一门综合性的艺术,在社会交往当中被广泛应用。能否灵活运用宴请接待的礼仪方法,在交际活动中显得尤为重要。另外,在组织、参加宴请接待时,能否表现出良好的礼仪修养,不仅是个人的事情,也关系到组织的形象。

复习与思考

一、简答题

1. 在国际交往中,宴请形式主要有哪几种?

2. 中式宴会的桌次、座次安排应注意哪些问题?

3. 西式宴会的桌次、座次安排应注意哪些问题?

4. 中、西餐的礼仪分别有哪些?

二、情景模拟

某公司公关部负责安排筹办一场答谢客户的宴会,将邀请与本公司有业务联系的几家大客户。请以小组为单位,设计这场宴请筹备事项的方案,最后将各组的方案进行比较和评价。

第八章
求职面试礼仪

通过本章的学习,应达到以下目标:

◆ **知识目标**

1. 了解求职面试前信息准备和仪表仪态要求;

2. 充分认识求职面试礼仪的重要性,认识现代礼仪的作用。

◆ **能力目标**

1. 提升现代青年应具备的求职面试礼仪修养;

2. 在人际交往中,能展现并运用一定的求职面试礼仪技能。

◆ **思政目标**

1. 培养青年学生积极健康的就业观和良好的人际交往能力;

2. 引导青年学生在思想洗礼、实践锻造中不断提升礼仪修养,不断增强文化自信。

习近平总书记在党的二十大报告中指出:"坚守中华文化立场,提炼展示中华文明的精神标识和文化精髓,加快构建中国话语和中国叙事体系,讲好中国故事、传播好中国声音,展现可信、可爱、可敬的中国形象。加强国际传播能力建设,全面提升国际传播效能,形成同我国综合国力和国际地位相匹配的国际话语权。深化文明交流互鉴,推动中华文化更好走向世界。"坚守中华文化立场是增强中华文明传播影响力的关键,要求我们大学生在言谈举止和社会交际中,展现出中华民族文明、礼貌的良好品质。

求职面试是当代大学生离开学校走进职场时所经历的最重要的一个环节,大多数企业永远不需要最"优秀"的人,而是需要最合适的人。所以在这个特定的时间里你应当扮演最适合这个职位的角色,并且通过成功的扮演来获得所期望的工作。在面试时,你代表的不仅仅是你本人,也是新时代的中华民族接班人,需时刻展现出优秀的社交礼仪。

本章将从求职礼仪和面试礼仪两个方面进行讲述。

第一节　求职礼仪

求职礼仪是公共礼仪的一种,它是求职者在求职过程中与招聘单位、接待者、招聘者接触过程中所应具备的礼貌行为和仪表规范。它通过求职者的应聘材料、应聘语言、仪态举止、仪表服饰等方面来体现,也是求职者文化修养、道德水准、个性特征的体现。因此,它对于求职者能否实现自身愿望、能否被理想的单位所录用起着重要作用。

一、求职仪态礼仪

求职仪态礼仪主要包括求职者站姿、坐姿和走姿的基本要求。以下列举求职者在仪态礼仪方面应注意的几个方面。

(一)站姿礼仪

站姿是仪态美的起点,又是发展不同动态美的基础。良好的站姿能衬托出求职者良好的气质和风度。

站姿须挺直、舒展,站得直、立得正、线条优美,精神焕发。具体要求:头要正,头顶要平,双目平视,微收下颚,面带微笑,动作要平和自然;脖颈挺拔,双肩舒展,保持水平并稍微下沉;两臂自然下垂,手指自然弯曲;身躯直立,身体重心在两脚之间;挺胸、收腹、直腰,臀部肌肉收紧,重心有向上升的感觉;双脚直立,女士双膝和双脚要靠紧,男士两脚间可稍分开点儿距离,但不宜超过肩膀。

(二)坐姿礼仪

坐姿是仪态的重要内容。良好的坐姿能够传递出求职者自信练达、积极热情的状态,同时也能够展示出求职者高雅庄重、尊重他人的良好风范。

坐姿须端庄、文雅、得体、大方。具体要求:入座时要稳、要轻,不可猛起、猛坐,使椅子发出声响。女士入座时,若着裙装,应用手将裙子稍向前拢一下。坐定后,身体重心垂直向下,腰部挺直,上体保持正直,两眼平视,目光柔和,男士双手掌心向下,自然放在膝盖上,两膝距离以一拳左右为宜;女士可将右手搭在左手上,轻放在膝盖上。坐时不要将双手夹在腿之间或放在臀下,不要将双臂端在胸前或放在脑后,也不要将双脚分开或将脚伸得过远。坐于桌前时应该将手放在桌子上,或十指交叉后以肘支在桌面上。入座后,尽可能保持正确的坐姿,如果坐的时间长,可适当调整姿态,以不影响坐姿的优美为宜。

(三)走姿礼仪

走姿是站姿的延续动作,在站姿的基础上展示人的动态美,无论是在日常生活中还是在社交场合,走路往往是最具吸引力的体态语言,最能表现一个人的风度和魅力。

走姿具体要求:行走时,头部要抬起,目光平视前方,双臂自然下垂,手掌心向内,并以身体为中心前后摆动。上身挺拔,腿部伸直,腰部放松,步幅适度,脚步宜轻且富有弹性和节奏感;

男士应抬头挺胸,收腹直腰,上体平稳,双肩平齐,目光直视前方,步履稳健大方,显示男性的阳刚之美;女士应头部端正,目光柔和,平视前方,上体自然挺直,收腹挺腰,两脚靠拢而行,步履匀称自如,端庄文雅,显示女生庄重而优雅的温柔之美。

(四)注意事项

在面试过程中,求职者的行为所传递的信息不亚于言语表达。一般而言,求职者的行为举止要注意以下几点:

1. 不卑不亢

求职面试的过程实际上是一种人际交往的过程,双方都应用平和的心态去交流。

2. 举止大方

举止大方是指求职者举手投足自然优雅,不拘束,从容不迫,显示良好的风度。

3. 忌不拘小节

自恃学历高、能力强,对应聘岗位重视程度不够,态度傲慢,表现出无所谓的样子,这是面试大忌。

4. 勿犹豫不决

求职者针对招聘人员所提出的问题犹豫不决,会有信心不足之嫌。招聘人员难免会怀疑求职者的工作作风和实际能力,从而会导致求职者丧失一次机会。

二、求职准备礼仪

(一)信息收集

面试前了解招聘企业及岗位方面的信息,对于面试成功的帮助很大。做个有心人,会让招聘企业增加对求职者的好感。我们来看看需要了解招聘企业和岗位方面的哪些信息。

1. 招聘企业

对招聘企业的信息收集内容包括:企业的成立时间、主营业务、主要项目、取得的业绩、行业内的排名等。一般面试官会询问求职者对企业的了解情况并做些介绍,如果求职者能答到点子上,会有不错的加分。

2. 应聘岗位

对于应聘岗位的信息收集内容包括:工作内容、任职要求、在组织中的位置等方面。这需要求职者对企业的组织架构有所了解,认识应聘岗位在组织中的位置和作用。当然许多企业并不会马上将应届毕业生定位到特定的岗位中,而是根据其所学专业明确基本倾向。

3. 面试问题的准备

面试问题的准备包括对自己的认识程度。例如"请你简单介绍一下自己。""你有哪些优点?""你的优势在什么地方?""你最大的不足是什么?""你的好朋友如何评价你?""你的职业生涯规划是什么?"回答上述问题时一定要把答案引到有关自己所学专业和所掌握的技能的核心要素上来。"请简单介绍一下你自己!"对这个问题的回答应该这样分析:这是个开放性问题，从哪里谈起都行，但是通常介绍的时间为1~2分钟。面试官的用意有三个方面：一是让求职者从最熟悉的自己谈起，可放松情绪；二是借此全面了解求职者的情况，尤其是个人素质，如价值观、人生观、特长和爱好等；三是考察求职者的语言表达能力和思维能力，在几分钟内简明扼要地介绍自己的主要情况非常重要。回答对策：求职者要很快地把答案转到自己具备的技能及经验、受过的培训和与职位的匹配上来。

（二）简历的准备

求职简历是求职者将自己与所申请职位紧密相关的个人信息经过分析、整理并清晰、简要地表述出来的书面求职资料。求职者通过简历向招聘人员明示自己的经历、经验和技能等信息。招聘人员通过对简历阅读和分析，从而决定是否给予求职者面试的机会。

1. 求职简历的基本要求

（1）内容真实，突出优势

如果求职者在简历中弄虚作假，即使能侥幸获得面试机会，也会在面试过程中被经验丰富的面试官轻松看穿，只要被发现有一处作假，就会被拒之门外，还有可能在行业内留下不好的名声，从而影响后续的求职。因此，建议求职者在写简历时一定要做到客观、真实，可根据自身的情况结合求职意向进行纵深挖掘，合理优化，而非夸大其词、弄虚作假。求职简历要充分结合意向职位的要求来撰写自己的工作经历，要通过突出自己的优势来推销自己，最好把最能展示自己优势的内容放在首页，以求醒目。所列内容务必实事求是，不能"注水"，任何虚假的内容都不可写入求职简历。

求职简历要明确应聘何岗位，如果没有明确的目标岗位，则有可能直接被淘汰；要突出与目标岗位相关的个人优势，包括职业技能与素质及经历，尽量量化工作成果。对于用人单位来说，求职简历是第一关，面试才是第二关。在求职简历中，招聘人员往往会侧重于观察求职简历是否已经达到了招聘条件，如果达到了，则会考虑通知当事人来面试。所以求职者要关注对方的招聘条件，并在自己所写的简历中努力达到对方所要求的水平。

（2）言简意赅，精心设计

如果求职简历内容过多，又缺乏层次感，会给人以琐碎的感觉。可以将自己认为重要的信息全部浓缩到第一页上，比如：姓名、性别、出生年月、联系电话和地址等信息。相比之下，身高、体重、血型等辅助信息则可要可不要，至少不应占据第一页的位置。然后把次要的信息，诸如每学期成绩单、获奖证书复印件等信息放在附件里。这样的简历主次分明，非常有效，如果招聘人员看完第一页后，想继续了解你，就可以继续看附件里的文件。

一份好的简历是求职者面试成功的首要条件。有些招聘网站和学校为大家提供了简历模板，一些求职者照搬照抄，而不愿意把时间花费在简历设计和制作上。其实每个人的情况并不一样，那些模板未必适合你。因此，建议求职者慎用网络上面提供的简历模板及简历封面，应根据自身专业特点和应聘要求精心设计个性化简历。

（3）表述得体，语言准确

毕业生制作个人简历时一定要尽情地表现自己，展现自身技能，并用取得的成果证明它们。写简历不必拘泥于格式，合情合理即可。简历中的名词和术语使用需要准确而恰当，避免拼写错误和打印错误。所以尽可能在送出简历之前，逐字逐句地检查，标点符号也不能落下，不要给企业留下粗心大意的不良印象，导致在激烈的竞争中输在了起跑线上。

2. 求职简历的主要结构

（1）开始部分

在简历的开始部分,求职者可以主要介绍个人信息,例如求职者的姓名、年龄、身高、籍贯、学历、婚姻状况、健康状况、联系地址、求职目标等。其中求职目标要体现出求职者的专业特长、兴趣爱好、期望待遇等。对于求职目标的书写要注意简练清楚,最好不要超过 50 个字。

（2）主体部分

在简历的主体部分,求职者可以简洁而有针对性地概述自己的主要求职资格,即求职者的教育经历、工作经验、个人素质、参加过的有关社会活动等。在这部分要注意突出自己的长处和优势,使招聘单位觉得求职者的各方面情况与招聘条件相一致,与有关职位的要求、特点相吻合;另外,在这部分中求职者最好谈论一下目标单位的有关情况,表明自己对其已有了解,并愿意为之效劳,同时简要阐述一下自己未来的职业规划。

（3）结尾部分

在简历的结尾部分,求职者可以向招聘单位提供一些证明自己资历、能力以及工作经历的证明材料,例如,学历证明、学术论文、获奖证书、专业技术职业资格证书、专家教授推荐信等,这些可以作为简历的附页和简历一起呈交招聘单位。

（三）心理准备

对于多数求职者而言,面试前的紧张、焦虑和莫名的兴奋才是主要的问题。这时候,不必非得刻意去消除它们,因为正常的人难免出现焦虑的情况,况且适度焦虑往往是发挥自己水平的必要前提。如果求职者感觉到紧张、焦虑的情绪已稍稍难以承受,除了可以通过专门训练来缓和一下之外,也可采取下述的即时性调适方法让自己归于平静。

（1）放松身体。当身体放松时,心理紧张也就得到了缓解。① 散步解忧。一项研究要求被试者分别用三种不同的步子步行:正常步伐、摆动双臂昂首阔步、低头懒散行走。结果发现,前两种姿势能使人心情更加愉快。对此,心理学家分析说,摆动双臂时,可产生一种机械运动,使因焦虑而紧张的肩膀、颈部和背部肌肉得以放松。②开怀大笑。开怀大笑可令你紧绷的躯体迅速放松,在开心地笑过之后,由于手臂、脚部的肌肉不再紧张,血压、心跳有所缓和,你会感觉全身如同卸掉了千斤重压,心里会相当轻松。③ 洗澡化忧。专家指出,理想的洗澡水温度为 38~40 ℃,比人体温略高,它能增加血液循环,使人得到镇静。它会安抚紧张的肌肉,令人睡上一个好觉。

（2）深呼吸。长吁短叹就是一种无意的深呼吸,它无意中部分排解了焦虑和紧张。面试前,求职者不妨主动做做深呼吸来缓解自己的紧张情绪。①首先吸气,尽可能地让自己的肺的下半部分充满空气,姿势随意。②双手轻轻置于肋骨的下部,缓缓抬头,同时暗示自己"我很轻松"。③吸气要做到缓慢而自然,要用腹部的力量吸气,胸膛不要剧烈起伏。④屏住吸气,放松全身肌肉,再将空气均匀平缓地呼出。

（3）睡个好觉,很多人在面试前夜睡不好。这固然与紧张有关,但多数时候还是因为他们太重视睡觉的意义了。以轻松的态度对待睡眠的意义,便能如平时一样自然入睡。①适当运动。对于整日伏案工作静坐不动的人来说,入睡前散散步或做做操有助于睡一个好觉。②尽量放松。平躺在床上,双臂、胸部的姿势保持相同,深呼吸一次,把注意力先集中在一个具体部位,如脚趾,然后从此端开始放松直到全身。③喝杯热奶。奶制品的一些成分可有助于睡眠。④进行冥想。躺在床上，想象一些枯燥无味的事情可有助于睡眠。在英国，人们常常以羊一只只跳过栅栏这种想象来催眠。

（4）调整饮食，经专家长期研究后得出结论：香蕉等水果中含有一种可让人脑产生血清基的物质，而血清基则有安神和让人愉悦的作用。建议在面试前的一餐中，注意给自己加点水果。饮食专家亦指出，在菜谱上常见的肉、鱼和蛋等高蛋白之外，再加上几片粗面粉做成的面包、丰富的蔬菜和水果等，有助于乐观情绪的产生和保持。

第二节　面试礼仪

面试的礼仪十分重要，从中可以反映出一个人的内在修养。懂得和注重面试礼仪会增加招聘单位对求职者的好感，从而增加面试成功的可能性。

一、面试礼仪的要求

面试犹如一道厚实的门，门后就是人们的事业追求。很多时候，人们只有推开它，才能看见它后面深藏的风景。对此，了解和掌握求职面试礼仪知识，就是人们成功进入职场，追求和窥见这一美好风景线的关键。

面试礼仪的要求主要有以下几点：

（一）遵从安排

进入面试房间之后，求职者一举一动要按照招聘人员的指示来做，既不要过分拘谨，也不能太过谦让，大方得体才最重要。

（二）做好互动

笑是一种最直接、最有效的体态语言。在面试中，求职者应把握机会展露自信及自然的微笑，让考官们感受到友善，而友善则是面试成功的最好条件之一。交流中目光要不时注视着对方，万万不可目光呆滞地死盯着别人看，让对方感到很不舒服。如果不止一个人在场，说话的时候要经常用目光扫视一下其他人，以示尊重和平等。

（三）主动聆听

积极的聆听者往往能给人一种谦和而良好的感觉，这也正是礼仪的需要和反映。招聘人员不希望求职者像木头桩子一样故作深沉、面无表情。对此，求职者在听对方说话时，应不时做出回应，表示自己听明白了，或正在注意听。在面试中如果招聘经理说话较多，说明他对求职者感兴趣，愿意介绍情况，热情交流。但许多学生误认为只有自己介绍才是最好的"推荐自己"的方式，往往会抢着说话，或打断对方的讲话，这些都是很不懂礼貌的表现，会使自己陷于被动。

（四）注意后续礼节

不论面试的具体情况如何，结束时都应以感谢的心态面对，真诚地说声"谢谢"；离别时应主动和考官握手道别，诚恳地说声"感谢您给我面试的机会""再见"之类的话。面试后两天内，求职者最好给主考官发封电子邮件，当然也可以直接打个电话以示谢意，这不仅是礼貌之举，也会加深主考官对你的印象。

二、见面的礼节

见面是交往的开始，了解是沟通的前提。人与人之间交往的第一礼节就是见面礼。见面礼是双方交流的起点，对决定求职能否成功有着重要作用。举止庄重大方，谈吐礼貌文雅，在初次面试中能给面试官留下好的印象，从而为求职的成功打下良好的基础。具体来说，面试过程中的见面礼节体现在以下几点：

（一）提前赴约

求职面试中的见面是如约面谈，所以对求职者来说，务必要适当地提前到达，迟到是求职面试的一大忌讳，会给面试官留下工作作风拖拉、效率不高的印象，不利于求职的成功。此外，迟到还会使求职者产生一种内疚心理，无形之中把自己放到被动、尴尬的地位。据国外研究求职的专家统计，求职者面试时迟到获得录用的可能性只相当于准时到达者的一半。因此，求职面试要提前到达。

提前一点时间到达面试现场是非常必要的。最好是提前10～20分钟到达面试地点。这样不但可以提前熟悉应聘单位的环境，找到准确的面试场所，还能较好地调整一下情绪，避免气喘吁吁、慌里慌张地开始面试。无论在什么情况下，都不要让面试官等你。

在提前到达的几分钟内，你应感知一下自己是否勇气十足，要是勇气不足，不妨在心里默念下面列举的话，相信你会心如静海，恐惧全失：

（1）勇气并非特定人士的专利，我当然也有。

（2）举止如常即可，何必紧张？

（3）按照自己的计划从容面谈即可，这又不是什么高深、难办的事。

（4）万一失败，也实属正常。

（5）自然大方，就像刚才走过来那般，迈出大步吧！何难之有？

当然，一点儿都不紧张是不可能的，紧张是正常的。但是，你应该尽快地使自己放松下来。你应该对自己很有信心，因为你具备了他们所要求的一切条件，并且已经做好了充分的准备。当你紧张的时候还应该暗示自己：假定在场者都是你的同事，有的人或许还是你将来的下级，紧张的应该是他们。

（二）礼貌通报

到达用人单位面试地点后，不可贸然进入，进门前一定要有礼貌地通报对方负责面试的工作人员，若门虚掩着，有门铃按一短声，无门铃则可轻叩门两三次，不可久按门铃不放或使劲急促地敲门，这种粗野举止会在初次求职见面时给对方留下缺乏修养的印象，尚未正式面试就已在对方心目中扣掉了一部分印象分。听见说"请进"后，才可轻轻地推开门进入，进门不要紧张,动作要得体,表现得越自然越好。

(三)称呼恰当

当求职者进入办公室后,面临的首先是如何与工作人员或主考官打招呼的问题。这也许是第一次见面,求职者的形象、言谈举止自此开始接受主考官的评判,应该说真正的面试就算开始了,从此刻开始求职者应当立即进入角色。

求职者应当表现得镇静、轻松、大方。首先面带微笑,向主考官点头致意,若考官只有一个,可说:"您好! 我是×××,来参加面试的。"若考官是多人,可说:"你们好! 我是×××,来参加面试的。"这样既有问候,又有自我介绍,可以迅速消除彼此的生疏,缩短心理距离。

招呼离不开对对方的称呼,有时招呼本身就是以称呼的形式出现的,在面试过程中及结束告别时都会多次涉及称呼问题。在求职这种庄重的场合,称呼必须正确而得体。

如果对方有职务,一般采用姓加职务的称呼形式;如果职务较低,可不采用职务称呼。如果对方职务是副职,从目前社会上流行的称呼习惯和社交心理来看,若是在正职不在场的情况下,最好略去"副"字,就高不就低,以正职相称。

问题在于怎样知晓考官的姓氏及其职务。大致可以从以下几个途径了解和判断:

(1)有的招聘单位的招聘广告上已写明了联系人姓氏或姓名。

(2)在招聘单位的门上挂有部门招牌,如"人事处(部)""厂长(经理)室",据此你可初步判定主人的大致身份。

(3)见面时对方工作人员可能会给你介绍,特别是在有多位面试官的情况下更是如此。

(4)可以主动询问。如刚见面时可以问:"我该怎样称呼您?"

总之,通过多种途径一般不难知道所面对的主考官的姓氏或职务。在刚见面对方没有做介绍的情况下,你若能主动而正确地称呼对方,无疑会让对方惊喜,这时你已赢得了宝贵的印象分。

如果对方没有职务或不明确其职务,一般可按目前社交场合比较流行的称呼称之,如"先生""小姐""女士"等。这种称呼更适合于在合资企业求职使用。

(四)见面握手

握手是一种常见的社交礼仪,求职面试往往也少不了握手。见面时可在点头致意或打招呼的同时握手,善于握手的求职者,总是一见面就能给人以好感。

三、自荐的礼节

如果说见面礼节是为面试的开始创造良好的氛围,那么自我介绍礼节则可以拉近求职者与主考官之间的距离。通常人人都以为自己最了解自己,介绍自己是一件很容易的事情,其实未必如此。说人易,说己难,在面试中介绍自己并非如想象得那样简单。因为有些礼仪性的东西正融注或贯穿于自我介绍之中。许多人往往由于忽视这一概念,急于介绍自己、推销自己,缺乏介绍的艺术而引起面试官的反感,其面试失败是可想而知的。

（一）自荐注意事项

1. 彬彬有礼

在做自我介绍前，要先对面试官打个招呼，道声谢，如："××经理，您好，谢谢您给我这么好的机会。现在，我向您做个简单的自我介绍。"介绍完毕后，要注意向面试官道谢，并向在场面试人员表示谢意。

2. 主题明确

在做自我介绍时，最忌漫无中心，东扯一句西扯一句，或者陈芝麻烂谷子事无巨细都一一详谈，让人听了不知所云。须知，面试官没有那么多工夫与你闲聊。一般来说，求职面试中的自我介绍宜简不宜繁，一般包括的要素有：姓名、年龄、籍贯、学历、学业情况、性格、特长、爱好、工作能力、工作经验等。对于这些不同的要素该详述还是略说，应按招聘方的要求来组织介绍材料，围绕中心说话。假如招聘单位对求职者的工作能力和工作经验很重视，那么，求职者就得从自己的工作能力及经验出发做详细的介绍，而且整个介绍都是以这个重点为中心。

3. 莫过多夸耀

在自我介绍中，要尽量避免对自己做过多的夸耀，一般不宜用"很""第一""最"等表示极端的词来赞美自己。在面试场上，有些人为了让面试官对他留下深刻的印象，往往喜欢对自己进行过多的夸耀，如"我是很懂业务的""我是年级成绩最好的一个"，总是喜欢带着优越的语气说话，不断地表现自己。其实，如果对自己做过多的夸耀，意味着贬低他人，这种缺乏尊重他人的介绍方式，就是有违一般礼仪的。如此，反而会引起面试官的反感。

因此谈论自己的话题，应尽可能避免一些夸大的形容词，把话讲得客观真实，尽量用实际的事例去证明你所说的，最好用真实的事例来把你的才华显露给面试官。

4. 烘托气氛

面试场上自我介绍的目的是获得职位。求职者必须想办法强化自我介绍的气氛，因为求职者了解自己的特性、长处与潜能，并能很好地发挥它们。也就是说牢记优点，忘记缺点，就能做得很好，会像磁石一样地吸引人。只有自我肯定，才能使自我介绍的气氛变得活跃起来。当然，最重要的是能够立即把思绪或情感变成风趣动人的言词，内外表达一致，自我介绍才算完美。

在做自我介绍时，求职者会发现面试官一直在观察其表情，这并不表明自我介绍失败了，而是他们的职业习惯，不要把这一点看作外界压力。积极的态度像一块磁石，个人的接触可以使情感亲密，而有要领的谈话，则可单刀直入地攻下对方内心的城池。

自我介绍要尽量表现出创意、直接、技巧、积极，并且尽量地找出令人欣赏的方法，不要反复使用公式化的东西，不要胡乱编造，因为随意编造既是对自己不负责，也是对他人不尊重。

求职者在面试时，如面试官需要做自我介绍，应力求注意以下几个方面：

（1）克服害羞心理。因为羞怯的表现很难叩开沟通的大门。为此增强自信心是做好自我介绍的第一步。

（2）实事求是。切忌夸夸其谈、言过其实。

（3）注意繁简。做自我介绍时一般只针对其要求即可。对于简单的介绍要少而精，详细的介绍要突出重点，避免过长而冲淡主题，使听者厌烦。

（二）自荐的禁忌

求职者进行自我介绍的根本目的，是使主考官对自己有个初步了解，并尽可能产生良好的印象，以便将面试深入下去，从而最终赢得面试的成功。因此，求职者应竭力避免以下五种情况。

1. 忌"我"字连篇

千万不要以为"自我介绍"最容易用上的字是"我"字。当主试官说："谈谈你自己吧！"一名应试者十分巧妙地回答："您想知道我个人的生活，还是与这份工作有关的问题？"他把应该用"我"字打头的话，变成"您"字打头。

自我介绍虽然谈"我"，却要尽量减少"我"字的使用频率。如果应试者连续三句话都用"我"字开头，面试官便会产生反感。总把"我"挂在嘴边的人，易被认为是强迫性的自我推销。所以，要经常注意把"我"字变成"您"字。"您以为如何呢？""您可能会惊讶吧！""您一定觉得好笑。""您说呢？"应把"自我介绍"变成一场求职者与面试官之间沟通的谈话。

2. 忌不着边际

求职者为介绍自己准备得十分充分，生怕有遗漏之处，自我介绍得没完没了。这些求职者心过细，甚至把自己出生日期、地点、家乡生活、毕业日期，一直到每一份工作的起止日期都答得一清二楚。这些内容不着边际也不着要点，面试官在倦怠中听完"回忆录"，便没有兴趣和勇气问别的问题，因为求职者可能针对所有的问题都来一通长篇大论。

以时间顺序进行自我介绍固然是好事，建议不要过细，从最高的学历谈起，只要主考官不问，没有必要谈小学、中学甚至大学，谈学校设置什么课程，更无须谈在学校的成绩。应该谈与目前求职有关的经历，而不要漫无边际地东拉西扯。多说事实，避免笼统、琐碎的词句。最好在3~5分钟之内停止"自我介绍"。

面试官问的话题有长有短，不要把所有的话题都当成论文题来做，话多并不代表把该讲的话都讲清楚了。

3. 忌故意卖弄

面试过程中，求职者需让面试官认为本人是一个对自己非常熟悉、对自己的特点具有概括能力的人。面试官说："谈谈你自己。"并不是他对你一无所知，就像医生面对的每一个陌生病人，医生必须知道你的姓名、年龄和病史。而面试官多多少少知道一些求职者的情况，在这种场合下他未必对求职者的"辉煌业绩"有浓厚的兴趣。要知道，没有哪种业绩能打动他，他不过是想听求职者对自己的评价，或者通过谈论自己来观察求职者的为人、性格等许多方面。面试官都相信，人在谈论自己时，暴露的问题最多，因而谈论自己能促使主考官决定是否愿意聘用求职者。

当求职者还不十分了解面试官的为人方式时，自我介绍最好简短、有条有理、实事求是，不要乱加补语、形容词；也不要用聊天的方式，把主要经历说出来就够了。虽然求职者的经历可能丰富多彩、迂回曲折，但在言论上不必表现出来。不要重复、颠三倒四。自我介绍中，一定要给面试官留下思想清晰、反应快、逻辑性强的印象。

四、交谈的原则

古人说要在日常生活中"谨于事而慎于言",这是经验之谈。意思是说话做事都要谨慎。这一点同样适用于求职者的面试应答。求职面试中的应答提问与一般的交谈有所不同,所以其要求也不一样。

(一)诚恳热情、谨慎多思

把自己的自信和热情"写"在脸上,同时表现出最大的诚意。有关调查研究表明,求职者在应答交谈中自然地模拟应聘单位职员的口气有助于让对方信赖。回答之前,应对自己要讲的话稍加思索,想好了的可以说,还没有想清楚的就不说或少说,切勿信口开河。文不对题、话不及意,会给人一种浅薄之感。

(二)有礼有节、朴实文雅

要把握住自己,应答时要表现从容、不慌不忙,有问必答。问而不答、毫无反应是很失礼节的。尽管有时在应答中难免会碰到一时答不出来的问题,但也不要一言不发,可以用两句话缓冲一下:"这个问题我过去没怎么想过。从刚才的情况看,我认为……"这时脑子里就要迅速归纳出几条"我认为"了,要是还找不出答案,就先说你知道的,然后承认,有的东西还没有经过认真考虑。考官考你的并不一定只是问题的本身,如果你能从容地谈出自己的想法,虽然欠完整,也不致影响大局。朴实文雅是一种美德,也是知识渊博的自然流露,但切忌装腔作势、故意卖弄。应答中只要言辞达意,表达流畅即可。

从交谈的礼节来看,当主考官发问时,求职者应动脑筋,搞清对方发问的目的、要求,尽力做到有礼有节,不可随意答复或敷衍搪塞,因为如此态度或行为也是失礼的。另外,从求职面试的具体过程来看,主要是主考官发问与求职者应答的过程。但求职者除了应注意应答礼节和技巧外,有时为了及时了解有关情况,还应学会适时地提问(询问),这样通过面试可使主考官和求职者双方都能达到预期的目的,也可调整面试交谈的气氛。

五、告辞的礼节

告辞是指会面结束时的辞行,如何适时告辞既是礼仪规范的要求,也有一定的学问。其遵循的礼节有如下方面:

(一)善始善终

如果是用人单位约请求职者参加面试的,那么何时告辞应视对方的要求而定,不能在对方未告知的情况下单方面提出。一般情况下,面试的所有提问回答完毕后,面试就算结束。如果对方对求职者说:"今天就谈到这里吧,请等候消息(通知)。"这时求职者方可告辞离开。

如果是求职者直接上门联系工作,那么告辞时求职者就应主动些,因为求职者是主动拜访者,从礼节上讲,对方不好主动打发你走,只能从行为举止上表现出来。如果对方心不在焉、焦躁不安,或不时地看表,这就是下逐客令的信号,求职者应有自知之明,主动提出告辞为妙。

（二）讲究技巧

在谈话结束时，若想问问用人单位究竟如何决定，那就主动地向对方表示自己愿意到该单位工作，然后坦然地问对方："不知你们认为我适不适合来贵单位工作？我来了以后一定会很好地工作的。"如果对方答复说："我们还没最后定下来。"你一定要尽快判断一下他们是不是找托词不想录用。根据你的判断或者表示："我告辞了，我等候你们的研究结果，您看什么时候需要我再来，就通知我，谢谢。"或者表示："如果你们认为不合适，不录用也没关系。我就不再耽误你们时间了。如果以后你们需要用人时再告诉我，若那时我还没找到工作的话我再来。"总之，谈话时一定要很认真、很有礼貌。

要记住，无论面试的结果如何，在告辞时都应向对方衷心道谢，这最能体现求职者的真诚和修养。道谢时要有明确的称呼，使道谢专一化，以引起他人的反响和共鸣，达到感情的交流，并辅之以适当的体态语。如，目光要注视被感谢人的面部，而且要伴有真挚的微笑。离别时这些礼貌的举止也许会给对方留下难忘的印象，对求职者的录用起到潜移默化的作用。

总之，面试谈话要适度，短了不行，长了更不行，所以要先想好话题，察觉会谈的高潮已过后，便准备结束。把该说的话说完，站起身来，露出微笑，伸出手谢谢他，然后离开，给对方留下一个积极、良好的形象。

面试中有些话是可说可不说的，有些话是必须说的。那些必须说的话就是高潮话题，求职者必须察觉高潮话题的结束时机，主动做出告辞的姿态。

高潮话题一般分为两类：自我介绍和工作。

求职者自我介绍之后，面试官还会相应地提些问题，然后转向工作。一方面是面试官介绍工作性质、工作内容；另一方面是应试者谈自己的工作情况、打算及对以后工作的想法。这些都是高潮话题。高潮话题结束后，就不要盲目拖延时间，那样会给考官造成心理压力，有逼他当场做决定的意思（可能求职者本意并非如此）。如果求职者还想了解一些问题，就应该说："我不想浪费您的时间谈工作细节，可是我想略微了解一下工作的环境、福利，以及种种有关的事宜。"巧妙地把琐碎的问题转变成高潮问题，而不至于让面试官认为求职者是在有意拖延时间。

六、面试后的礼仪

（一）主动感谢

为了加深招聘人员对求职者的印象，增加求职成功的可能性，面试后2天内，求职者最好给招聘人员打个电话或写封信表示谢意。感谢电话要简短，最好不要超过5分钟。感谢信要简洁，最好不超过一页。感谢信的开头应提及求职者的姓名及简单情况，然后提及面试时间，并对招聘人员表示感谢。感谢信的中间部分要重申求职者对该公司、该职位的兴趣，增加些对求职成功有用的事实内容，尽量修正可能留给招聘人员的不良印象。感谢信的结尾可以表示对自己的素质能符合招聘单位的要求有信心，希望有机会提供更多的材料予以证明，或表示能有机会为招聘单位的发展壮大做出贡献。

面试后表示感谢是十分重要的，因为这不仅是礼貌之举，也会使主考官做决定之时对你有印象。据调查，十个求职者中往往有九个人不会写感谢信。求职者如果没有忽略这个环节，则显得"鹤立鸡群",格外突出,说不定会使对方改变初衷。

(二)面试结果

在一般情况下,考官组每天面试结束后,都要进行讨论和投票,然后送人事部门汇总,最后确定录用人选,可能要等3~5天。求职者在这段时间内一定要耐心等候消息,不要过早打听面试结果;如果在面试2周后或面试通知录取的时间内,还没有收到对方的答复,就应该写信或打电话给招聘单位询问面试结果。

(三)做好准备

面试只是完成一个阶段。如果求职者同时向几家公司求职,则必须收拾心情,全身心投入应付第二家的面试。因为未有聘书之前,仍未算成功,不应放弃其他机会。应聘中不可能个个都是成功者,万一竞争失败也不要气馁,总结经验教训,找出失败的原因,并针对这些不足重新做准备,才能吃一堑、长一智,成功就业。

综合案例

刘同学在简历的著作栏里写道曾发表过一篇关于汇率稳定的文章,以期在面试银行相关岗位时会有作用。结果在××银行进行面试时,当主考官问起她对汇率稳定的观点时,她结结巴巴,说不出个所以然来。事实是身为会计专业的她对金融问题根本没有什么研究,只是托金融专业的同学在所发表的文章后带了自己的名字。因此,她也和××银行失之交臂。

案例思考题:

1. 通过上述案例分析,大学生求职面试中,应该掌握哪些礼仪知识?

2. 求职面试有哪些作用?

本章小结

求职礼仪是求职者在求职过程中与招聘单位、接待者、招聘者接触过程中所应具备的礼貌行为和仪表规范。它通过求职者的应聘材料、应聘语言、仪态举止、仪表服饰等方面体现出来,是求职者文化修养、道德水准、个性特征的体现。

复习与思考

一、名词解释

求职礼仪。

二、简答题

1. 简述求职者在求职过程中应掌握哪些礼仪?

2. 面试过程中应掌握哪些礼仪知识?

3. 如何培养当代大学生求职面试礼仪修养?

参考文献

[1] 陈弘美.用筷子夹出美味:日餐、中餐礼仪[M].北京:生活·读书·新知三联书店,2012.

[2] 国英.现代礼仪[M].北京:机械工业出版社,2003.

[3] 海英.礼仪的力量.7版[M].北京:北京师范大学出版社,2013.

[4] 何洪英.现代礼仪教程[M].成都:电子科技大学出版社,2010.

[5] 何丽芳.酒店礼仪[M].广州:广东经济出版社,2005.

[6] 贺立萍.实用礼仪教程[M].北京:北京邮电大学出版社,2016.

[7] 黄英.旅游与酒店礼仪[M].广州:广东经济出版社,2009.

[8] 纪亚飞.服务礼仪标准培训[M].北京:中国纺织出版社,2013.

[9] 贾蕙萱.中日饮食文化比较研究[M].北京:北京大学出版社,1999.

[10] 金文.校园礼仪宝典[M].成都:四川文艺出版社,2009.

[11] 金正昆.大学生礼仪[M].北京:中国人民大学出版社,2014.

[12] 金正昆.服务礼仪教程.3版[M].北京:中国人民大学出版社,2009.

[13] 金正昆.商务礼仪[M].北京:北京大学出版社,2004.

[14] 蓝瑜.旅游礼仪[M].咸阳:西北农林科技大学出版社,2007.

[15] 李波.商务礼仪[M].北京:中国纺织出版社,2006.

[16] 李霞.商务礼仪实务[M].北京:清华大学出版社,2015.

[17] 李贻玲,王圣.现代礼仪实务指导教程[M].北京:化学工业出版社,2014.

[18] 林友华.大学生礼仪素养[M].上海:同济大学出版社,2010.

[19] 刘晖.实用礼仪训练教程[M].北京:电子工业出版社,2008.

[20] 罗芳.职业礼仪[M].北京:中国铁道出版社,2018.

[21] 吕留伟.实用礼仪大全[M].北京:中国纺织出版社,2010.

[22] 孟庆强.礼仪常识全精通[M].北京:中国纺织出版社,2011.

[23] 潘洁,郭宗娟.职业礼仪[M].北京:人民邮电出版社,2013.

[24] 彭林.中国古代礼仪文明[M].北京:中华书局,2013.

[25] 彭林.中华传统礼仪概要[M].北京:商务印书馆,2017.

[26] 卿希泰.中外宗教概论[M].北京:高等教育出版社,2010.

[27] 孙玲.商务礼仪实务与操作[M].北京:对外经济贸易大学出版社,2010.

[28] 滕新贤,傅琼.新编礼仪教程[M].北京:中国农业出版社,2011.

[29] 王琦.旅游礼仪服务实训教程[M].北京:机械工业出版社,2009.

[30] 王文华,薛彦登.公共关系与商务礼仪[M].北京:中国物资出版社,2010.

[31] 王雨婷.职业形象与礼仪[M].成都:电子科技大学出版社,2016.

[32] 徐克茹.商务礼仪标准培训.3版[M].北京:中国纺织出版社,2015.

［33］许湘岳.社交礼仪教程［M］.北京:人民出版社,2012.

［34］许祥林.礼行天下:国际礼仪礼宾和旅行［M］.北京:世界知识出版社,2010.

［35］杨柳.中国清真饮食文化［M］.北京:中国轻工业出版社,2008.

［36］杨路.高端商务礼仪:56个细节决定商务成败［M］.北京:北京联合出版公司,2013.

［37］袁涤非.商务礼仪实用教程［M］.北京:高等教育出版社,2016.

［38］于桂华.高职学生礼仪修养教程［M］.北京:高等教育出版社,2008.

［39］张秋埜.酒店服务礼仪［M］.杭州:浙江大学出版社,2009.

［40］张水红,王西.商务礼仪实战［M］.北京:北京理工大学出版社,2010.

［41］赵蓉.现代礼仪［M］.西安:西安电子科技大学出版社,2016.

［42］郑彦离.礼仪与形象设计［M］.北京:清华大学出版社,2009.

［43］中国礼仪文化丛书编委会.中国礼仪文化［M］.北京:外文出版社,2010

［44］周恩敏.你的礼仪价值百万:商务社交篇［M］.北京:中国纺织出版社,2010.

［45］周国宝.现代国际礼仪(中文版)［M］.北京:北京师范大学出版社,2012.

［46］朱海宁.品鉴红酒［M］.北京:中国文联出版社,2007.